LA LLAMA
INDESTRUCTIBLE

PREFACIO POR **MARK DEVER**

MICHAEL REEVES

LA **LLAMA**
INDESTRUCTIBLE

B&H
ESPAÑOL
NASHVILLE, TN

La llama indestructible: El corazón de la reforma protestante

Copyright © 2021 por Michael Reeves

Todos los derechos reservados.
Derechos internacionales registrados.

B&H Publishing Group
Nashville, TN 37234

Diseño de portada: B&H Español
Ilustraciones: dbking/flickr, Jakub Krechowicz/shutterstock, y de dominio público.

Director editorial: Giancarlo Montemayor
Coordinadora de proyectos: Cristina O'Shee

Clasificación Decimal Dewey: 270.6
Clasifíquese: REFORMA / HISTORIA DE LA IGLESIA—1500—, PERÍODO
MODERNO / PROTESTANTISMO

Las citas bíblicas marcadas RVR1960 se tomaron de la versión *Reina-Valera 1960* ®
© 1960 por Sociedades Bíblicas en América Latina; © renovado 1988 Sociedades
Bíblicas Unidas. Usadas con permiso. *Reina-Valera 1960* ® es una marca registrada
de las Sociedades Bíblicas Unidas y puede ser usada solo bajo licencia.

Las citas bíblicas marcadas LBLA se tomaron de LA BIBLIA DE LAS AMÉRICAS,
© 1986, 1995, 1997 por The Lockman Foundation. Usadas con permiso.

ISBN: 978-1-0877-5151-1

Impreso en EE. UU.
1 2 3 4 5 * 24 23 22 21

Contenido

Prefacio: Estamos en peligro de olvidar por lo que estos hombres vivieron y murieron

Esta historia necesita ser contada otra vez. Y Michael Reeves nos ha hecho un servicio importante al hacerlo.

Hace 500 años, la Iglesia Católica Romana advirtió a los reformadores Protestantes, y a los que estuvieron tentados a seguirles, que su movimiento se dividiría y disolvería en innumerables facciones si rechazaban la autoridad del Obispo de Roma. Los años de conflicto se convirtieron en décadas, y esas primeras décadas se han convertido en siglos de separación de Roma. Y ahora, con medio milenio de evidencias, puede decirse de manera concluyente que las acusaciones de Roma de inestabilidad infinita y división eran infundadas. No se han cumplido.

La autoridad de la Biblia ha sido suficiente como para asegurar que millones y millones de protestantes han creído y compartido el mismo evangelio por siglos. Se podrán recolectar fondos para apoyar a misioneros en miles de lugares diferentes. Y falsos profetas – lobos vestidos de ovejas que Jesús advirtió vendrían – puede que aún estén entre nosotros. Hay liberales que rechazan la Biblia, legalistas y moralistas que ignoran su mensaje, y maestros de prosperidad que tuercen el mensaje, pero hay millones que han leído la Palabra y han entendido y creído el evangelio.

El evangelio bíblico traído por Jesucristo, enseñado a Pablo y enseñado por innumerables maestros desde entonces -entre ellos Lutero, Zuinglio y Calvino- todavía es enseñado hoy por hombres y mujeres alrededor del mundo que no tienen un vínculo organizado con ningún obispo terrenal en Roma o en ningún otro lugar. Una Asamblea de Dios misionera en Filipinas, un ministro anglicano en Sydney o Tanzania, un pastor bautista en Brasil, un ministro luterano en St. Louis, un ministro Presbiteriano en Escocia, un misionero coreano en Estocolmo y un pastor interdenominacional en Dubai puede que nunca se hayan conocido. Puede que nunca formen parte de la misma organización terrenal. Pero contrario a lo que Roma advirtió que sucedería, ahora están unidos y permanecerán unidos en el evangelio de Jesucristo. Todos están trabajando para el crecimiento del evangelio, del reino, de la Iglesia alrededor del mundo. Y todos están predicando el evangelio que la Iglesia Católica Romana oficialmente rechazó en la trágica y heroica historia del siglo XVI.

Aunque este evangelio bíblico ciertamente fue enseñado antes del siglo XVI (ver el fascinante estudio de Marvin Anderson *La Batalla por el Evangelio* [Baker, 1978]), el conflicto llegó a un punto crítico a principios del siglo XVI en una serie de eventos lleno de personajes descomunales y escenas conmovedoras. Los estudios, por supuesto, se llevan a cabo en lugares silenciosos. Pero sus frutos pueden tener implicaciones importantes. Y ninguno ha sido más estrepitoso que las historias de los descubrimientos realizados por este monje alemán, este humanista Francés, este sacerdote Suizo y cientos de otros.

La justificación solo por fe, solo en Cristo, fue predicada más allá de los confines de Wittenberg, Zurich y Ginebra. Inglaterra, Escocia, Noruega, Suecia, Dinamarca, muchos de los estados alemanes y cantones suizos, los Países Bajos —todos fueron arrastrados por esta marea de reforma. Lo que muchos no ven hoy día es el gran impacto que influyó otras grandes partes de Francia, Hungría, Polonia, Italia y otras mil ciudades y pueblos pequeños de toda Europa. En la medida en que los países de

Europa occidental enviaban poblaciones hacia el Oeste, el Caribe y el continente americano, los sacerdotes católicos romanos y los predicadores protestantes iban con ellos. Y así, el conflicto de la Reforma también se extendió a el Nuevo Mundo. Aún vivimos con ello. Este libro se centra en las primeras décadas de esta extraordinaria historia. Con historias, anécdotas y explicaciones que captan algo del destello y lucidez de las percepciones y conflictos de la época, este libro nos cuenta la historia del intento de la reforma de la Iglesia universal y su rechazo por muchos de aquellos que estaban en posiciones de poder y autoridad.

Durante las últimas décadas, el contar la historia de la Reforma desde el punto de vista de Roma ha sido la práctica aceptada. El amplio contrarianismo de la década de 1960 unido a un cuerpo de investigación importante, real y nuevo enfocado en el siglo XVI, el cual ha examinado gran parte de las ortodoxias históricas aceptadas sobre el estado de la iglesia cristiana en Europa occidental y de las prácticas populares de piedad a principios del siglo. J. J. Scarisbricke, Christopher Haigh, Eamon Duffy, John Bossy, y muchos otros han refinado la lectura más protestante de principios del siglo XVI como un tiempo únicamente de corrupción y desesperación. Ellos han explicado los intereses políticos y económicos de los gobernantes al respaldar las enseñanzas luteranas y rechazar las afirmaciones políticas de la Iglesia Romana. El *Libro de Mártires* de John Foxe ha sido evaluado, desmitificado y corregido. Las lecturas tradicionales de la Reforma, desde Merle d'Aubigne hasta A. G. Dickens han sido desestimadas. Para muchos «la Reforma Protestante» ha sido eliminada de la historia por completo como poco más que una propaganda piadosa, más hagiografía que historia.

La propia Iglesia Católica Romana ha trabajado oficialmente para provocar un acercamiento con los protestantes a través de la Declaración Conjunta sobre la Doctrina de la Justificación (1999). El autor de este volumen no está satisfecho con la declaración. Afirma que la definición de justificación contenida en la declaración «*no es nada como la definición de justificación de la Reforma. Declaración conjunta puede ser, pero no es el telón de la Reforma*» (180).

De manera popoular en Norteamérica, Evangélicos y Católicos Juntos (1994) ha publicado declaraciones conjuntas de líderes eruditos o portavoces de ambos lados. Incluso un Ministro Ortodoxo Presbiteriano ha publicado un libro a través de la casa editorial establecida por el protestante conservador Herman Baker, sugiriendo que el trabajo de la Reforma ha terminado. Según Mark Noll y Carolyn Nystrom en su libro *Is the Reformation Over?* (Baker, 2005), la Reforma ha terminado y su labor está completa.

La marea ha subido para los defensores de la unidad. Parece ser el tiempo correcto para que nuestro mundo multicultural disminuya todos los conflictos. Y los cristianos, con un gran deseo de unidad interior y evangelismo exterior, ciertamente están en primera línea, deseando paz y armonía entre todos. Y sin embargo, tal llamado no es nuevo. Los argumentos más contundentes en contra de la verdad a menudo son falsedades contradictorias, vientos cruzados de otras verdades mal interpretadas y mal aplicadas. La confusión a menudo ocurre cuando el llamado a la verdad no se rechaza, sino que se intenta ahogar por el llamado a la unidad.

En ese sentido, hay quienes no quieren que leas este libro. Hay quienes no ven ninguna conexión entre los conflictos de ayer y la misión de hoy. Hay quienes, como Peter James Lee, el Obispo Episcopal de Virginia, quien dijo en 2004: «Si debes elegir entre herejía y cisma, siempre elige herejía». Este libro cuenta la historia de aquellos que, como el Arzobispo Thomas Cranmer, no podrían estar más en desacuerdo. Cranmer junto con los Obispos Latimer y Ridley, aprendieron en Cambridge y fueron quemados en Oxford por el evangelio que Roma declaró herejía. Estos, como los que están descritos en Apocalipsis 12:11, «no amaron sus vidas frente a la muerte». Carreras fueron destruidas y las vidas puestas en juego sobre el hecho de que en la Reforma, el mismo evangelio estaba en juego.

Con la habilidad de un erudito y el arte de un narrador, Michael Reeves ha escrito lo que es, simplemente, el mejor resumen introductorio a la Reforma que he leído. Si has estado buscando un libro que te ayude a entender la Reforma, o solo para comenzar a estudiar la historia de la Iglesia, este pequeño libro trae la historia a la vida. Después de leer este manuscrito, el único libro en que podría pensar para compararlo es otro volumen que tal vez desees leer después de este, de Roland Bainton, *Here I Stand* (Abingdon, 1950; repr. Hendrickson, 2009). Al igual que Bainton, Reeves le da al lector una seria erudición en prosa animada. Las escenas son cuidadosamente seleccionadas y las controversias teológicas juiciosamente sopesadas y relatadas.

Los personajes y su teología se relatan con precisión histórica y teológica, incluso mientras se cuenta la historia con claridad, audacia, humor y una seriedad cautivadora. Con la seguridad de que estarás informado, orando que seas edificado, te invito a leer y conocer el resto de esta historia.

Mark Dever
Washington, D.C.
Agosto 2009

Lugares clave en la época de la Reforma

Prólogo: En esto creo

Las trompetas sonaban mientras el vagón se acerca a la puerta de la ciudad. Miles se reunían en las calles para ver a su héroe, otros más ondeando imágenes de él desde las ventanas y techos. Era la tarde del miércoles 16 de Abril de 1521 y Martín Lutero estaba entrando a la ciudad de Worms. Parecía una entrada triunfal. Sin embargo, Lutero sabía dónde podrían terminar las entradas triunfales. La realidad era que él llegaba para ser juzgado por su vida y, como Jesús, esperaba la muerte. El enseñar que un pecador, simplemente confiando en Cristo podría, a pesar de todos sus pecados, tener plena confianza ante Dios, había traído sobre él la furia de la iglesia. Sus libros ya habían sido arrojados a la hoguera y la mayoría tenía la expectativa de que él se les iba a unir. Lutero, sin embargo, estaba decidido a defender sus enseñanzas: dijo, «Cristo vive», y «entraremos a Worms a pesar de las puertas del infierno».

Al día siguiente, el heraldo imperial vino por Lutero para escoltarlo al juicio. Las multitudes estaban tan densas que obligaron a llevar a Lutero escondido por algunos callejones al palacio del obispo. Aún así, no pasaron desapercibidos ya que muchos, afanados por verle, se asomaban en los tejados. A las cuatro de la tarde, Lutero entró a la sala, y por

primera vez el hijo del minero de Sajonia, vestido con el
hábito humilde de monje, enfrentó

Worms en el Siglo XVI

a Carlos V, el Sacro Emperador Romano, señor de España,
Austria, Borgoña, sur y norte de Italia, los Países Bajos y «el
virrey de Dios en la tierra». Al ver al monje, el emperador,
un feroz defensor de la iglesia, murmuró: «Él no hará de mí
un hereje».

Lutero recibió la orden de no hablar hasta que fuese pregun-
tado. Luego el portavoz del emperador, señalando una pila de
libros de Lutero sobre una mesa, le dijo que había sido convocado para ver si reconocía los libros que habían sido publicados
en su nombre, y de ser así, si se retractaba. Con un tono de voz
suave que la multitud se esforzaba por escuchar, Lutero admitió
que los libros eran suyos. Pero luego, para sorpresa de todos,
solicitó más tiempo para decidir si necesitaba retractarse. Parecía que iba a dar marcha atrás. De hecho, Lutero estaba esperando lidiar con algunos temas específicos que había enseñado;
no había anticipado que podrían pedirle que rechazara todo lo
que había escrito. Eso requería más consideración. Aún siendo
regañado, le dieron un día más para reflexionar. Y después de
eso, fue advertido, debía esperar lo peor si no se arrepentía.

Al día siguiente, eran las seis de la tarde antes de que
Lutero fuera readmitido en presencia del emperador. El pasillo
estaba lleno y en la penumbra se habían encendido las antor-
chas creando un ambiente terriblemente caliente. Por eso,
Lutero transpiraba fuertemente. Mirándole, todos esperaban
una miserable disculpa mientras rogaba por el perdón por su

herejía. Pero en el momento en que abrió su boca fue claro que eso no iba a pasar. Esta vez habló con voz fuerte y resonante. Anunció que no podía retractarse de sus ataques contra la falsa doctrina, porque eso daría aún más rienda a quienes destruyeron así el cristianismo. «Dios mío, ¡Qué tipo de herramienta de maldad y tiranía sería yo!» A pesar del grito del emperador «¡No!», Lutero continúo exigiendo que, si se encontraba en error que fuese refutado con las Escrituras. Solo así prometió que sería el primero en quemar sus libros.

Por última vez le preguntaron si se retractaba de sus errores y concluyó con:

> Estoy obligado por las Escrituras que he citado y mi conciencia está cautiva a la Palabra de Dios. No puedo y tampoco me retractaré de ninguna cosa, ya que no es ni seguro ni correcto ir en contra de la conciencia. No puedo hacer otra cosa, aquí estoy, que Dios me ayude, amén.

No fue una mera bravuconería. Para Lutero, fue la Palabra de Dios que lo había liberado y salvado. No tenía otra seguridad. Pero con ello tuvo el coraje de ponerse de pie cuando el portavoz del emperador respondió culpándole de arrogancia por creer ser el único que sabía la verdad. De hecho, a ese punto él parecía estar en contra del mundo entero.

Luego, dos soldados escoltaron a Lutero desde la sala, en medio de gritos de «¡A la hoguera con él!» Una gran multitud los siguió hasta su aposento. Cuando llegó allí, levantó las manos, sonrió y gritó: «¡Lo he logrado!», «¡Lo he logrado!», entonces, volteando a un amigo, le dijo que, aunque tuviera mil cabezas, preferiría sean todas cortadas antes que abandonar su evangelio.

De vuelta en la sala, el emperador declaró que un monje que se opuso a toda la Cristiandad tenía que estar equivocado, y por lo tanto él había decidido «apostar por esta causa mis reinos y mis señores, mis amigos, mi cuerpo y mi sangre, mi vida y mi alma». Las líneas fueron trazadas. La Reforma había comenzado. Y esa noche, Lutero había hecho más que escribir una página de la historia; él había lanzado un desafío para cada generación.

1 Pasando a ser medievales en la religión: Los antecedentes de la Reforma

Con la conclusión del siglo XV y el nacimiento del XVI, el viejo mundo parecía morir a manos de uno nuevo: el poderoso imperio Bizantino, último remanente de la Roma Imperial, se había derrumbado; luego Colón descubrió un nuevo mundo en las Américas, Copérnico dio la vuelta al universo con su heliocentrismo, y Lutero literalmente reformó el cristianismo. Todos los cimientos antiguos que antes parecían tan sólidos y seguros ahora se derrumbaron en esta tormenta de cambio, dando paso a una nueva era en la que las cosas serían muy diferentes.

Mirando hacia atrás, es casi imposible imaginar cómo debe haber sido esa época «Medieval»: la propia palabra evoca imágenes oscuras y góticas de monjes enloquecidos por el claustro, y campesinos supersticiosos y rebeldes. Todo muy extraño. Especialmente para ojos modernos: donde somos absolutamente igualitarios democráticos, ellos entendían todo jerárquicamente; donde nuestras vidas giran en torno a nutrir, alimentar y mimar el «Yo», ellos procuraron en cada cosa abolir y humillar el «Yo» (o, al menos, admiraban a los que lo hacían).

La lista de diferencias podría seguir. Sin embargo, este fue el escenario de la Reforma, el contexto por el cual la gente se apasionó tanto por la teología. La Reforma fue una revolución, y las revoluciones no solo luchan por algo, también luchan contra algo, en este caso, el viejo mundo del Catolicismo Romano medieval. ¿Cómo fue, entonces, ser un cristiano en los dos siglos anteriores a la Reforma?

Papas, sacerdotes y el purgatorio

Como era de esperar, todos los caminos del Catolicismo Romano medieval conducían a Roma. El apóstol Pedro, a quien Jesús había dicho: «Tú eres Pedro, y sobre esta roca edificaré mi iglesia», se piensa que fue martirizado y enterrado allí, permitiendo que la iglesia fuese construida, literalmente, sobre él. Y así, como una vez el Imperio Romano había considerado a

Roma como su madre y al César como su padre, ahora el imperio Cristiano de la Iglesia todavía parecía ver a Roma como su madre, y al sucesor de Pedro como padre, «papa» o «pontífice». Hubo una extraña excepción a esto: la Iglesia Ortodoxa Oriental se apartó de la Iglesia de Roma desde el siglo XI. Pero cada familia tiene una oveja negra. Aparte de esto, todos los cristianos reconocieron a Roma y al papa como sus padres irremplazables. Sin el Padre Pontífice no podría haber Iglesia; sin la Madre Iglesia no podría haber salvación.

El papa fue considerado como el «vicario» de Cristo (representante) en la tierra, y como tal, él era el canal a través del cual fluía toda la gracia de Dios. Él tenía el poder de ordenar obispos, quienes a su vez podrían ordenar sacerdotes; y juntos, el clero tenía la autoridad para abrir el grifo de la gracia. Esos grifos eran los siete sacramentos: bautismo, confirmación, misa, penitencia, matrimonio, ordenación y últimos ritos. A veces se referían a ellos como las siete arterias del Cuerpo de Cristo, a través de las cuales la sangre vital de la gracia de Dios era distribuída. Que todo esto pareciera más bien mecánico era precisamente el punto, ya que para las masas, siendo no educados y analfabetos, eran considerados incapaces de tener una fe explícita. Entonces, mientras que una «fe explícita» era considerada deseable, una «fe implícita», en la que una persona visitaba la iglesia y recibía los sacramentos, era considerada perfectamente aceptable. Si se postraban bajo el grifo, recibían la gracia.

Fue a través del bautismo que las personas (generalmente como infantes) eran admitidas por primera vez en la Iglesia para experimentar la gracia de Dios. Sin embargo, la misa era lo realmente central en todo el sistema. Eso sería evidente en el momento en que entres a tu iglesia local: toda la arquitectura apuntaba hacia el altar, en el cual se celebraría la misa. Y era llamado el altar por una buena razón, porque en la misa el cuerpo de Cristo sería sacrificado nuevamente delante de Dios. A través de su sacrificio «sin sangre» ofrecido día tras día, repitiendo el sacrificio «con sangre» en la cruz, la ira de Dios contra el pecado sería apaciguada. Cada día Cristo sería ofrecido otra vez como sacrifcio expiatorio delante de Dios. Así se enfrentaban los pecados de cada día.

Sin embargo, ¿no era obvio que faltaba algo de este sacrificio, que el cuerpo de Cristo realmente no estaba en el altar, que el sacerdote solo estaba manipulando pan y vino? Este era el genio de la doctrina de la transubstanciación. Según Aristóteles, cada cosa tiene su propia «sustancia» (realidad interna) así como los «accidentes» (apariencia). La «sustancia» de una silla, por ejemplo, podría ser madera, mientras que sus «accidentes» son el color marrón y su suciedad. Pinta la silla y sus «accidentes» cambiarían. La transubstanciación imaginaba lo contrario: la «sustancia» del pan y el vino en la misa se transformarían, literalmente, en el cuerpo y la sangre de Cristo, mientras que los «accidentes» originales de pan y vino permanecían. Puede que todo haya parecido un poco descabellado, pero había suficientes historias circulando para persuadir a los escépticos, historias de personas que tenían visiones de sangre real en el cáliz, carne real en el plato, y así sucesivamente.

El momento de la transformación ocurría cuando el sacerdote pronunciaba las palabras de Cristo en Latín, *Hoc est corpus meum* («Este es mi cuerpo»). Luego sonarían las campanas de la iglesia y el sacerdote levantaría el pan. Normalmente el pueblo alcanzaba a comer del pan una vez por año (y nunca llegaron a tomar de la copa, al fin y al cabo, ¿qué tal si algún torpe campesino dejaba caer la sangre de Cristo en el piso?), pero la gracia llegaba con solo mirar el pan alzado. Era comprensible que los más devotos fueran febrilmente de iglesia en iglesia para ver más misas y así recibir más gracia.

El servicio de la misa era en Latín. La gente, por supuesto, no entendía ni una palabra. El problema es que muchos del clero tampoco entendían las palabras y encontraban más asequible aprender el servicio de memoria. Así que cuando los feligreses escuchaban «Hocus pocus» en vez de *Hoc est corpus meum*, ¿quién podría saber de quién es el error? Incluso los sacerdotes eran conocidos por errar sus líneas. Y con poco entendimiento de lo que se decía, era difícil para el feligrés promedio distinguir la ortodoxia Católica Romana de la magia y la superstición. Para ellos el pan consagrado se convirtió en un talismán de poder divino que podía ser transportado para evitar accidentes, dado a los animales enfermos como medicamento o plantarlos para fomentar una buena cosecha. Muchas veces la Iglesia era indulgente hacia el cristianismo popular semi-pagano, pero es un testimonio de cuán altamente la misa era venerada que optaba a actuar contra tales abusos: en el 1215, el cuarto Consejo de Letrán ordenó que el pan y el vino transformados sean mantenidos encerrados en un lugar seguro en todas las iglesias, para que ninguna mano audaz pueda alcanzarlos para hacer algo horrible o impío».

Respaldando todo el sistema y la mentalidad medieval del Catolicismo Romano, existía un entendimiento de la salvación que se remontaba a Agustín (DC 354–430): la teología de amor de Agustín, para ser precisos (qué irónico que esta teología de amor viniera a inspirar un gran temor). Agustín enseñó que nosotros existimos para amar a Dios. Sin embargo, no podemos hacerlo de manera natural, y por lo tanto, debemos orar para que Dios nos ayude, Él lo hace al «justificarnos», lo cual Agustín dice, es el acto donde Dios derrama su amor en nuestros corazones (Rom. 5:5). Este es el efecto de la gracia que Dios canalizaba a través de los sacramentos: haciéndonos cada vez más amorosos, cada vez más justos, Dios nos «justifica». La gracia de Dios, en este modelo, era el combustible necesario para convertirnos en personas más justas, rectas y amorosas. Y este era el tipo de persona que finalmente merecía la salvación, según Agustín. A eso se refería Agustín cuando hablaba de salvación por gracia.

Hablar de que Dios derramaba su gracia para que nos volviéramos amorosos y mereciéramos la salvación, debió sonar encantador en los labios de Agustín; a lo largo de los siglos, sin embargo, tales pensamientos adquirieron un tono más oscuro. Nadie lo planeó. Todo lo contrario: todavía se hablaba de manera atractiva y optimista sobre la forma en que la gracia de Dios obraba. «Dios no negará la gracia a aquellos que hacen lo mejor que pueden» fue el lema alegre en boca de los teólogos medievales. Pero entonces, ¿cómo podrías estar seguro de que realmente has hecho lo mejor? ¿Cómo podrías saber si te habías convertido en el tipo de persona justa que mereciera la salvación?

En el 1215, el cuarto Consejo de Letrán propuso lo que se esperaba que fuera una ayuda útil para todos aquellos que buscaban ser «justificados»: requería que todos los cristianos (bajo el dolor de condenación eterna) confesaran sus pecados regularmente a un sacerdote. Ahí la conciencia podría ser indagada de pecados y malos pensamientos para que la maldad pueda ser desarraigada y el cristiano se volviera más justo. Sin embargo, el efecto del ejercicio estuvo lejos de proveer seguridad para aquellos que lo tomaron en serio. Usando una larga lista oficial, el sacerdote haría preguntas como: «¿Son tus oraciones, limosnas y actividades religiosas hechas más bien con la intención de ocultar tus pecados e impresionar a otros, que para complacer a Dios? ¿Has amado a tus parientes, amigos u otras criaturas más que a Dios? ¿Has murmurado contra Dios por el mal clima, la enfermedad, la pobreza, la muerte del niño o de un amigo?». Al final se habría hecho muy claro que uno no era justo ni amoroso, sino una acumulación de deseos oscuros.

El efecto era profundamente perturbador, como podemos ver en la autobiografía de Margery Kempe, una mujer de Norfolk, en el siglo XV. Ella describe lo aterrada que salió de un confesión por la condenación que una pecadora como ella merecía, y cómo empezó a ver demonios a su alrededor, tocandole, provocandole a que se mordiera y se rasgara. Es tentador para la mente moderna atribuir esto rápidamente a alguna forma de inestabilidad mental. La propia Margery, sin embargo, tiene bastante claro que su crisis emocional se debía simplemente a tomar en serio la teología del día. Ella sabía por su confesión que ella no era lo suficientemente justa como para merecer la salvación.

Por supuesto, la enseñanza oficial de la Iglesia estaba bastante clara en que nadie moriría lo suficientemente justo como para merecer completamente la salvación. Pero eso no era motivo de gran preocupación, porque siempre estaba el purgatorio. A menos que los cristianos murieran sin arrepentirse de un pecado mortal como el asesinato (en cuyo caso irían al infierno), tendrían la oportunidad después de la muerte de que todos sus pecados fueran eliminados lentamente en el purgatorio antes de entrar al cielo, completamente limpios. A finales del siglo XV, Catalina de Génova escribió un *Tratado sobre el Purgatorio* en el que lo describió en términos brillantes. Allí, ella explicó: las almas saborean y abrazan sus castigos a causa de su deseo de ser purgado y purificado por Dios. Almas más mundanas que la de Catherine, tendían a ser menos optimistas ante la perspectiva de miles o millones de años de castigo. En vez de disfrutar de la perspectiva, la mayoría de la gente buscó acelerar la ruta a través del  purgatorio, tanto para ellos como para los que amaban.

Además de las oraciones, se podrían impartir misas por las almas en el purgatorio, en que la gracia de esa misa podría aplicarse directamente al alma difunta y atormentada. Exactamente por esta razón toda una industria del purgatorio evolucionó: los ricos fundaron capillas (con sacerdotes dedicados a oraciones y misas por el alma de sus patrocinadores o sus afortunados beneficiarios); los menos ricos se unieron en fraternidades para pagar por lo mismo.

Roberto Grosseteste (1168–1253)

Por supuesto, no todos estaban preparados para seguir la línea oficial ciegamente. Por poner solo un ejemplo, Robert Grosseteste, quien se convirtió en obispo de Lincoln en 1235, creía que el clero debía primero y ante todo predicar la Biblia, no dar misa. Él mismo, de manera poco común, predicaba en inglés, en lugar de latín, para que pudiese ser entendido por la gente. El chocó varias veces con el papa (cuando, por ejemplo, un sacerdote que no habla inglés fue designado para su diócesis) yendo tan lejos como para llamar al papa el anticristo quien sería condenado por su pecado. Pocos podían darse el lujo de usar tal lenguaje, pero Grosseteste era tan famoso, no solo por su santidad personal, sino como erudito, científico y lingüista, que el papa se sintió incapaz de silenciarlo.

Otro aspecto del Catolicismo Romano medieval que era imposible de ignorar era el culto a los santos. Europa estaba llena de santuarios dedicados a diversos santos, y eran importantes, no solo espiritualmente, sino económicamente. Con suficientes reliquias de su santo patrón, un santuario podría garantizar un flujo constante de peregrinos, convirtiendo a todos en ganadores, desde los peregrinos hasta los publicanos. Por encima de todo, lo que parecía alimentar el culto era la forma en la que Cristo se convertía en una figura cada vez más distante en la mente pública durante la Edad Media. Más y más, El Cristo resucitado y ascendido era visto como el Juez del Juicio Final, aterrador en su santidad. ¿Quién podría acercarse a él? Seguramente él escucharía a su madre. Y así, cuando Cristo ascendió al cielo, María se convirtió en la mediadora a través de la cual las personas podían acercarse a él. Sin embargo, habiendo recibido tal gloria, María a su vez se convirtió en la inaccesible estrella del cielo, la Reina del Cielo. Utilizando la misma lógica, la gente comenzó a apelar a su madre, Ana, para interceder junto a ella. Y entonces, el culto de Santa Ana creció y atrajo la ferviente devoción de muchos, incluyendo una familia alemana llamada los Lutero. No era solo Santa Ana. El cielo estaba abarrotado de santos, todos mediadores aprobados entre el pecador y el juez. Y la tierra parecía estar llena de sus reliquias, objetos que podrían otorgar algo de su gracia y mérito. Por supuesto, la autenticidad de algunas de estas reliquias era cuestionable: era una broma permanente que tantas 'piezas de la verdadera cruz' repartidas a lo largo de la Cristiandad representaba que la cruz original fue tan grande que era imposible para un hombre cargarla. Por lo tanto, Cristo fue omnipotente.

María como Reina de los Cielos tallado por Albrecht Dürer, 1511

La instrucción oficial fue que María y los santos debían ser venerados, no adorados; pero en práctica esa distinción fue demasiado sutil para las personas que no estaban siendo enseñadas. Con demasiada frecuencia, el ejército de los santos era tratado como un panteón de dioses, y sus reliquias eran tratadas como talismanes mágicos con poder. Pero ¿cómo se podría enseñar a los analfabetos las complejidades de este sistema de teología y así evitar el pecado de idolatría? La respuesta predeterminada fue que, incluso en las iglesias más pobres, las paredes estaban cubiertas por fotos e imágenes de santos y la Virgen María, en vitrales, en estatuas, en murales. Estas representaban «la Biblia de los pobres», los «libros de los incultos». A falta de palabras, las personas aprendían de las imágenes. Debe decirse, sin embargo, que el argumento es un poco débil: una estatua de la Virgen María difícilmente sería capaz de enseñar la distinción entre veneración y adoración. El propio hecho de que los servicios fueran en Latín, un idioma que el pueblo no conocía, traiciona la realidad de que la enseñanza no era realmente una prioridad. Algunos teólogos trataron de justificar esto argumentando que el latín, como idioma santo, era tan poderoso que podía afectar aun a aquellos que no lo entendían. Suena bastante improbable. Más bien, el hecho era que las personas no necesitaban entender para poder recibir la gracia de Dios. Una «fe implícita» no informada sería suficiente. Es más, dada la falta de enseñanza, tendría que serlo (bastaría).

¿Dinámico o enfermo?

Si alguna vez tienes la mala suerte de encontrarte en un lugar lleno de historiadores de la Reforma, lo que hay que hacer para generar algo de emoción es preguntar en voz alta: «¿Era el cristianismo de la era de la Reforma vigoroso o corrupto?». Es la pregunta que garantiza una disputa. Hace apenas unos años habría causado un murmullo; en ese entonces todos parecían estar felizmente de acuerdo en que antes de la Reforma, la gente de Europa rogaba por un cambio, odiando el yugo opresor de la corrupta Iglesia Romana. Ahora esa imagen no se borrará.

La investigación histórica, especialmente desde la década de 1980 en adelante, ha demostrado sin lugar a duda que, en la generación anterior a la Reforma, la religión se hizo más popular que nunca. Ciertamente la gente tenía sus quejas, pero la gran mayoría se lanzó claramente con entusiasmo. Se pagaron más misas por los muertos, se construyeron más iglesias, se levantaron más estatuas de santos y se hicieron más peregrinaciones que nunca. Libros de devoción y espiritualidad, tan mezclados en contenido como hoy, eran extraordinariamente populares entre los que sabían leer.

El celo religioso de la gente representaba que estaban ansiosos por una reforma. A lo largo del siglo XIV, las órdenes monásticas se estaban reformando, e incluso el papado experimentó algunos intentos de reforma poco sistemáticos. Todos estuvieron de acuerdo en que existían algunas ramas muertas y algunas manzanas podridas en el árbol de la Iglesia. Todos podían reir cuando el poeta Dante colocó a los papas Nicolás III y Bonifacio VIII en el octavo círculo del infierno en su *Divina Comedia*. Por supuesto que hubo Papas y sacerdotes viejos y corruptos que tomaban demasiado antes de la misa. Pero el propio hecho de que la gente podía reírse muestra cuán sólida y segura la Iglesia parecía estar. Parecía capaz de soportar todo. Y el hecho de que quisieran cortar la madera muerta solo mostraba cómo amaban el árbol. Tales deseos de reforma nunca llegaron a imaginar que el tronco del árbol podría pudrirse y el efecto sería letal. Después de todo, querer mejores papas es algo muy diferente a no querer papas; querer mejores sacerdotes y misas muy diferente a no querer un sacerdocio separado ni misas. Y esto también mostró Dante: no solo castigó a los malos papas en su *Inferno*, también impuso la venganza divina sobre aquellos que se oponían a los papas, porque los papas, buenos o malos, eran, después de todo, los vicarios de Cristo. Así fueron la mayoría de los cristianos en la víspera de la Reforma: devotos y dedicados a la mejora, pero no al derrocamiento, de su religión. Esta no era una sociedad que buscaba un cambio radical, sino un corrección de los abusos identificados.

Entonces, ¿vigoroso o corrupto? Es una falsa antítesis. El cristianismo de la era de la Reforma fue indudablemente popular y vivo, pero eso no significa que fuera saludable o bíblico. De hecho, si toda la gente hubiera estado hambrienta por el tipo de cambio que la Reforma traería, esto habría sugerido que la Reforma era poco más que un movimiento social natural, una limpieza moral. Esto los reformadores siempre lo negaron. No se trataba de una reforma moral popular; fue un desafío al corazón mismo del cristianismo. Afirmaron que la Palabra de Dios estaba penetrando para cambiar el mundo; fue inesperado y justo contra la corriente; no fue una obra humana sino una bomba divina.

Presagios del apocalipsis

La Reforma pudo haber sido inesperada, la mayoría satisfechos con una reforma a pequeña escala y, sin embargo, en el soleado cielo medieval empezaron a formarse nubes oscuras. Al inicio eran solo del tamaño de la mano de un hombre. Nadie lo sabía, pero eran presagios de que los cielos estaban a punto de caer sobre el Catolicismo Romano de la edad media.

El primero se formó justo sobre la propia Roma. En 1305 el arzobispo de Burdeos fue elegido papa. Sin embargo, por varias razones no estaba interesado en trasladarse a Roma, como se esperaba de los papas; en cambio, hizo de Aviñón en el sur de Francia su nueva sede papal. El rey de Francia estaba encantado: un papa francés en territorio francés haría mucho más fácil hacer negocios con él. De manera que nadie se sorprendió cuando el próximo papa elegido también fue francés, y también eligió permanecer en Aviñón. Y así fue con los siguientes papas. Fuera de Francia, la gente estaba menos emocionada. Lo llamaron el «Cautiverio Babilónico de la Iglesia». Se suponía que el papa era el obispo de Roma, la iglesia madre; pero ¿eran realmente estos hombres en Aviñón obispos de Roma? Y así la cristiandad comenzó a perder la confianza en el papado.

Pasados setenta años, la gente de Roma estaba harta; después de todo, la corte papal había sido la mayor fuente de dignidad (e ingresos) de su ciudad. Así que, en 1378, cuando el Colegio de los Cardenales tomó asiento en Roma para elegir al próximo papa, una turba/mafia/multitud en asedio exigía la debida elección de un papa italiano, y preferiblemente romano. Los cardenales comprensiblemente aterrorizados, cedieron a las demandas de la multitud. Sin embargo, pronto comenzaron a lamentar su decisión, cuando vieron cuán dominante y agresivo era el nuevo papa. Muchos comenzaron a expresar opiniones de que la elección no pudo haber sido válida, dado que había sido hecha bajo conflicto. Entonces eligieron al nuevo papa, un francés. Desafortunadamente, el primer papa designado, aún se encontraba en perfecto estado de salud y se negó a jubilarse, implicando con esto que ahora habrían dos papas, que naturalmente se excomulgaron entre sí. Efectivamente, con dos Santos Padres habrían dos iglesias madres.

Toda Europa tenía su lealtad dividida. Francia, por supuesto, apoyó al papa francés, por lo que Inglaterra apoyó instintivamente al otro, y así sucesivamente. La situación era insostenible, por lo que se convocó un concilio para acabar con el problema. Su solución fue destituir ambos papas y elegir uno nuevo. No obstante, inevitablemente ninguno de los dos papas se iría tan fácilmente. Entonces hubo tres. El «Gran Cisma», como se le llamó, solo terminó con un concilio más sólido, el Concilio de Constanza, que se reunió de 1414-18. Este concilio logró que dos de los papas aceptaran la renuncia, y el tercer

papa en Aviñón, el cual se negó a renunciar, fue destituido.
En su lugar eligieron a un nuevo papa, y salvo un pequeño
remanente de partidarios del papa de Aviñón, todos le aceptaron. El cisma había terminado, pero había creado una crisis
de autoridad: ¿dónde está la autoridad suprema en la iglesia?
¿Estaba en Aviñón o en Roma? Y ya que el concilio había establecido cuál de los papas era el papa, ¿era el concilio una autoridad superior al papa? La crisis de autoridad permanecería
mucho después de que terminara el cisma, porque mientras
el Concilio de Constanza había declarado que un concilio era
superior en autoridad al papa, los papas luchaban con uñas y
dientes contra la idea. Con tantos contendientes en competencia, ¿cómo podría el cristiano común conocer la voluntad
de Dios?

Mientras tanto, con los papas en otras ciudades, Roma había
caído en decadencia. Fue más que una vergüenza, porque si
Roma iba a ser la madre gloriosa a la que toda la cristiandad miraba, no podía estar en ruinas. De hecho, para recuperar su estatus, necesitaba ser más gloriosa que nunca. Toda
Europa necesitaba ser deslumbrada. Entonces, durante el siglo
siguiente, los papas del Renacimiento sacaron una galaxia de
estrellas en su órbita: Fra Angelico, Gozzoli y Pinturrichio fueron empleados; Rafael recibió el encargo de decorar los aparta-
mentos personales del papa en el Vaticano; Miguel Ángel el de
adornar la Capilla Sixtina; Bramante el de reconstruir la Basílica
de San Pedro.

Pudo haber sido glorioso; también era horriblemente costoso.
Se buscaban fondos donde quiera que pudiesen encontrarse, y
la gente comenzó a quejarse de que los papas parecían más
interesados en su dinero que en sus almas, y por un arte que
les parecía más pagano que cristiano. La reconstrucción de San
Pedro, especialmente, resultaría más costosa para Roma que la
peor pesadilla de un papa, dado que despertaría la ira de Martín
Lutero.

Roma en 1493

También comenzó a haber un aire de sordidez en el lugar, que, junto con el brillo, hizo de Roma la ciudad de Las Vegas de su día. Especialmente bajo los Borgia. En 1492 Rodrigo Borgia tomó el sencillo, pero efectivo, paso de comprar los votos necesarios para conseguir ser elegido como Papa Alejandro VI. Fue un comienzo apropiado para un reino que haría sonrojar a un cardenal. Tuvo numerosos hijos con sus amantes, se rumoreaba que había tenido otro con su hija Lucrezia, quien organizaba fiestas y llevaba un anillo con veneno, y es mejor recordado por su costumbre de organizar orgías en el Vaticano y envenenar a sus cardenales. No dejó un buen precedente para el oficio del Santo Padre: su sucesor, el amante de la guerra Julio II, también era «papa» en más de un sentido, y el sucesor de Julio, Leo X, era agnóstico (se ordenó a la edad de siete años, nadie había pensado en preguntar). Por supuesto que el papado había tenido sus puntos bajos, pero en medio de una crisis de autoridad de la Iglesia, era un mal momento para perder su respetabilidad.

Estrellas de la mañana de la Reforma

La segunda nube en el claro cielo medieval comenzó a formarse en el norte de Inglaterra, sobre Yorkshire. Fue causada por el nacimiento allí, en algún momento de la década de 1320, de John Wycliffe. Fue ordenado sacerdote y se trasladó a Oxford, donde sus posiciones teológicas le convirtieron en la figura más controversial de la universidad, y sus conexiones con la familia real le hicieron influyente. Durante casi toda la vida de Wycliffe, los papas residieron en Aviñón, y así creció en una atmósfera en la que la autoridad religiosa estaba siendo cuestionada constantemente. Pero con la inauguración de dos papas en el 1378, Wycliffe comenzó a identificarse públicamente con la Biblia, y no con el papa, como fuente suprema de autoridad espiritual. El papado, argumentaba, era meramente una invención humana, mientras que la Biblia determinó con autoridad la validez de todas las creencias y prácticas religiosas. Sobre esta base, rechazó la altamente filosófica doctrina de la transubstanciación.

En unos pocos años, tal conversación tenía a Oxford, y todo el país, hirviendo. Wycliffe tuvo que retirarse, lo cual hizo, a la oscura parroquia de Lutterworth en Leicestershire, donde vivió los últimos años de su vida como párroco. Sin embargo, no estaba inactivo en ese tiempo: escribió tratados populares que explicaban sus puntos de vista, designó predicadores, y organizó una traducción de la Biblia Vulgata Latina al inglés. Afortunadamente para Wycliffe, murió en 1384 antes de que el Concilio de Constanza lo condenara como hereje (con lo cual sus restos fueron exhumados, quemados y esparcidos) sin embargo, su legado fue grandioso. Con una Biblia en inglés en sus manos, sus seguidores en Inglaterra se dedicaron a la práctica ilegal de leer la Biblia en secreto de manera grupal. Lo más probable es por esta razón que eran conocidos como «Lolardos», un término que probablemente significaba

Los huesos de Wycliffe siendo quemados

«murmurador», en referencia a su hábito de leer la Biblia en secreto. Ellos serían una audiencia altamente receptiva para cuando la Reforma llegó un siglo después.

Indulgencias

En el Catolicismo Romano medieval, cuando un pecador iba a confesarse con un sacerdote, el sacerdote exigía varios actos de penitencia. Cualquier pecado cuya penitencia no se haya realizado en esta vida, tendría que ser tratado en el purgatorio. La buena noticia era que habían santos que habían sido tan rectos que, no solo tenían el mérito suficiente para entrar directamente al cielo, pasando por alto el purgatorio, sino que habían tenido más méritos de los que necesitaban para entrar al cielo. Estos méritos restantes se guardaban, por así decirlo, en la tesorería de la iglesia, a la cual solo el papa tenía las llaves. Por lo tanto el papa, podría regalar un mérito (una indulgencia) a cualquier alma que considere digna, acelerando el paso de esa alma por el purgatorio, o incluso saltando el purgatorio por completo (con una indulgencia «plena» o «plenaria»). Inicialmente, estas indulgencias plenas se ofrecían por participar en la Primera Cruzada, pero pronto una ofrenda de dinero fue considerada lo suficientemente penitencial como para merecer una indulgencia. Se hizo cada vez más claro en la mente de las personas: un poco de dinero podría asegurar la dicha espiritual.

Quizás más importante que los «Lolardos» para el legado de Wycliffe, fueron aquellos estudiantes visitantes en Oxford que tomaron sus enseñanzas de regreso a casa con ellos a Bohemia (en la actualidad la República Checa). Allí, las ideas de Wycliffe fueron calurosamente recibidas por muchos, incluido el rector de la Universidad de Praga, Jan Hus. Hus no tenía el intelecto penetrante de Wycliffe, pero llegó a ser igual de importante al interpretar el papel de revulsivo de Wycliffe.

Cuando intentaron acabar con las enseñanzas de Wycliffe en Bohemia, Hus lo defendió y fue cada vez más crítico de la Iglesia, hasta el punto de negar públicamente el poder de los papas para otorgar indulgencias y expresar dudas sobre la existencia del purgatorio.

Hus fue excomulgado, y convocado al Consejo de Constanza para defender sus puntos de vista. Como era de esperarse, estaba bastante reacio a arriesgarse a ser quemado como un hereje y entrar tan fácilmente en el foso de los leones, pero luego le dieron una garantía de seguridad, y entonces fue. Sin embargo, la garantía no sirvió de nada, fue inmediatamente encarcelado, y después de seis meses en prisión y un simulacro de juicio en el que se negó a retractarse de sus puntos de vista fue condenado a muerte por herejía en 1415.

Jan Hus

Su muerte desató una revuelta armada por sus seguidores en Bohemia, donde se había convertido en una especie de héroe nacional. Y cuando, a partir de 1420, se lanzaron una serie de cruzadas contra lo que la Europa católica vio como los husitas heréticos, sorprendentemente ganaron los husitas, lo que les permitió establecer una iglesia husita independiente en el corazón de la Europa católica. Allí, libres del control papal, a los predicadores husitas se les permitió hablar la Palabra de Dios libremente, y los husitas recibieron pan y vino en comunión, en lugar de la misa católica. Además de dejar una enorme espina en la carne de Roma, poco antes de morir, se dice que Hus pronunció las palabras: «Puedes asar este ganso («Hus» significa «ganso» en checo), pero dentro de cien años surgirá un cisne cuyo canto no podrás callar». Casi exactamente cien años después, Martín Lutero desató en el mundo la doctrina de la justificación solo por fe. Un gran admirador de Hus, Lutero estaba apasionadamente convencido de que él era el cisne prometido; Después de su muerte, las iglesias luteranas usarían cisnes como veletas, y los de la Reforma a menudo eran representados con un cisne. La base de la gran estatua de Hus en Praga dice: «Grande es la verdad, y prevalece»; ciertamente, Hus y su mensaje tenían futuro.

Libros, libros peligrosos

La otra nube principal en el cielo se formó sobre Aviñón; quizás era de esperarse, pero esta era la nube de aspecto más inocente de todas, y tenía poco que ver con los papas allí. Se formó a causa de un joven que crecía

Petrarca

allí con el nombre de Petrarca. Petrarca creció para ser no solo un poeta, sino el mejor estudiante de literatura clásica de su época. Para la década de 1330, Petrarca había llegado a creer que la historia consistía en dos períodos: la gloriosa clásica era de la civilización y la cultura, y lo que denominó «la Era Oscura» de la ignorancia y barbarie, que había comenzado con la caída de la Roma imperial en el siglo V y continuó hasta su época.

Pero Petrarca también soñó con una tercera y futura era (la cual, presumiblemente, sería provocada por la gente que comprara los libros de Petrarca) en la que renacería la civilización clásica.

Emocionado por la perspectiva del resurgimiento (o «renacimiento») de la cultura clásica, los seguidores de Petrarca, que comenzaron a ser conocidos como «humanistas», creían que podrían acabar con la era «Oscura» o «Media» en su tiempo. ¡Ad Fontes! («¡A las fuentes!») era su grito de batalla mientras sitiaban la ignorancia de su día con las bellas armas de la literatura y la cultura clásica. Era desafortunado para la Roma papal, porque había crecido en la oscuridad de la Edad Media, y la luz del nuevo aprendizaje no sería amable con ella.

Uno de los pilares de su poder fue la «Donación de Constantino», que pretendía ser una carta del siglo IV del Emperador Romano Constantino al papa, explicándole que mover su capital de Roma a Constantinopla (ahora Estambul), le daba el señorío del papa a la mitad occidental del Imperio Romano. Sobre esta base los papas medievales habían afirmado su autoridad política sobre Europa. Los papas eran superiores a los reyes. Sin embargo, cuando un erudito humanista llamado Lorenzo Valla examinó el documento, su conocimiento humanista en Latín le permitió ver que la carta de hecho fue escrita usando el Latín y terminología del siglo VIII, no del siglo IV. Fue una falsificación. Cuando él publicó sus hallazgos en 1440, no solo puso en tela de juicio una afirmación papal clave, sino que arrojó dudas sobre todas las afirmaciones papales. Porque, ¿qué otras creencias tradicionales podrían forjarse?

El mayor legado de Valla, sin embargo, fueron sus anotaciones en el Nuevo Testamento, una colección de notas nunca publicadas durante su vida. En ellas, usó sus conocimientos del griego para demostrar que hubo errores en la traducción oficial de la Vulgata Latina que usó la Iglesia. Con las notas inéditas, Valla nunca pudo ver el efecto que tendrían sus pensamientos. Sin embargo, el mayor erudito humanista de la próxima generación, Erasmo de Rotterdam, encontró las anotaciones de Valla, las publicó y las usó para producir el libro que se usaría como la mayor arma contra el Catolicismo Romano medieval.

En 1516, Erasmo volvió a las fuentes y publicó una edición griega del Nuevo Testamento, junto a esta, no la traducción latina oficial, sino su propia traducción latina. Al hacerlo, Erasmo esperaba que una mayor atención a la Biblia produciría alguna reforma moral saludable en la Iglesia. Pero nunca pensó que haría algún daño a Roma. Incluso se lo dedicó al papa, quien con gratitud le envió una carta de agradecimiento y lo elogió. Al parecer demasiado pronto.

Para cuando el Nuevo Testamento de Erasmo discrepaba de la Vulgata oficial, podría tener implicaciones teológicas: Mateo 4:17, por ejemplo, donde la Vulgata indicaba que Jesús decía «haz penitencia», Erasmo lo tradujo como «arrepiéntete», y más adelante «cambia tu mente». Si Erasmo estaba en lo correcto, entonces Jesús no estaba instigando el sacramento externo de la penitencia, como enseñó Roma, sino hablando de la necesidad interna de los pecadores de cambiar su mente y apartarse del pecado. Y si Roma no estaba leyendo la Biblia correctamente respecto a ese verso, ¿en qué más podría estar equivocada? y ¿qué tipo de autoridad espiritual era ella? El Nuevo Testamento de Erasmo era una bomba a punto de estallar.

Al mismo tiempo que su aprendizaje desafiaba las cosas, los humanistas, siguiendo de nuevo a Petrarca, tendían a ser bastante críticos de los teólogos de la época. Para los humanistas, los teólogos solo parecían estar interesados en las preguntas más oscuras e irrelevantes, preguntas como: «¿cuántos ángeles pueden bailar en la cabeza de un alfiler?» o «¿podría Dios haberse convertido en un pepino en lugar de un hombre?». El teólogo que caracterizó este pensamiento «sutil», Duns Scotus, se convirtió para los humanistas en el modelo de la idiotez, y cualquiera que lo siguió fue satirizado como un «Dunsman» o «Dunce», como él.

Los teólogos no fueron los únicos que se encontraron en el fin comercial de la sátira humanista. El año siguiente a la muerte del Papa Julio II en 1513, una escena (teatral) llamada *Julio Excluido del Cielo* comenzó a circular. Erasmo nunca admitió haberlo escrito (eso habría sido una admisión muy tonta), pero el hecho de que tengamos una copia con su propia letra sugiere lo que todo el mundo sospechaba. En él, Julio llega a las puertas del cielo, completamente vestido, como de costumbre, con su armadura, y luciendo su distintiva barba, que se había dejado crecer como promesa de venganza en contra de sus muchos enemigos. Sabiendo que podría encontrar resistencia, había traído (de nuevo, como de costumbre) un guardaespaldas de gran estatura que pudiera asaltar las puertas si fuera necesario. Entonces Julio se hace lucir mas tonto y vanidoso por parte de Pedro el Portero, tras lo cual la escena llega a lo que su título había hecho una conclusión bastante predecible. Al final, sin embargo, no era tanto que los humanistas pudieran reír a expensas de la Iglesia y sus teólogos, era lo que los chistes dejaban claro que importaba,

que con el humanismo una perspectiva diferente de la verdad había llegado a desafiar la autoridad: ¿podrían los eruditos saber más que el papa?, ¿podrían Roma y su ejército de teólogos estar equivocados?

Toda la controversia agitada por los humanistas no habría importado tanto si su erudición se hubiera confinado a unas pocas torres de marfil. La tecnología, sin embargo, conspiró con ellos. Alrededor del 1450, Johannes Gutenberg desarrolló la primera imprenta, y en la década de 1480 las imprentas estaban surgiendo en toda Europa. Los libros ahora podrían ser producidos en mayor cantidad y más rápido que nunca antes. El conocimiento ahora podría extenderse rápidamente. Fue significativo que el primer libro en ser impreso fue la Biblia latina de Gutenberg: era el momento de la era de la palabra.

2 El volcán de Dios: Martín Lutero

Poco antes de la medianoche del 10 de noviembre de 1483, en el pequeño pueblo minero de Eisleben en el centro de Alemania, nació un hijo a Hans y Margarete Luder. Al día siguiente, fue llevado a ser bautizado, como era costumbre, y le fue dado el nombre del santo de ese día, Martín. La familia era de campesinos, aunque Hans prosperó en el negocio de la minería y tabajó fuerte para elevar su estatus. Con los años se hizo cada vez más claro que el joven Martín era más capaz que la mayoría, y Hans estaba ansioso por aprovecharlo al máximo. Una carrera en derecho sería lo ideal para él. Lo inscribió en la Universidad de Erfurt, donde, bajo las aspiraciones sociales de su padre, Martin comenzó a ser conocido por un nombre con tono más sofisticado: «Lutero».

Hans solo tenía una pequeña preocupación: que su hijo podía ser bastante serio respecto a la religión. El héroe de Martín fue el príncipe Wilhelm de Anhalt, un noble que se convirtió en monje franciscano y fue tan devoto que se golpeba y ayunaba hasta el punto de morir de hambre. Wilhelm no era el modelo a seguir que Hans deseaba para el potencial de su hijo. Entonces sucedió lo peor. De regreso a la universidad tras una visita a sus padres, Martín, ahora de 21 años, quedó atrapado bajo una gran tormenta en el mes de Julio. Un rayo cayó tan cerca que le hizo caer al suelo. Sin la oportunidad de hacer una confesión final a un sacerdote, sin ningún rito final, la perspectiva de lo que le esperaba después de la muerte era demasiado terrible para considerarlo. Mientras caía al suelo y sentía la fuerza del viento contra él, hizo una promesa un tanto involuntaria: «¡Santa Ana, ayúdame! ¡Seré un monje!». Aunque fuese involuntario, una promesa es una promesa. Fue como si un rayo del cielo lo hubiera obligado a convertirse en monje. Su padre estaba furioso: echando a perder esa costosa educación; esto no fue un rayo del cielo, fue obra del diablo.

Sin embargo, Martín acudió al monasterio. Cortó su cabellera de tal forma que solo dejó una circunferencia de pelo e intercambió la «ropa del mundo» por el atuendo santo de un monje.

Recibir este nuevo atuendo fue un acto muy simbólico, porque se decía que un hombre podía restaurar su inocencia al convertirse en un monje, volviéndose como un bebé recién lavado de sus pecados en el bautismo. Era justo lo que Lutero quería: «Nosotros, los monjes jóvenes... chasqueamos los labios de alegría al considerar tales palabras sobre nuestra santa vida de monjes».

Entrar al monasterio era entrar a un mundo de reglas. Había reglas sobre cómo y cuándo inclinarse, reglas de cómo caminar, cómo hablar, dónde y cuándo mirar, reglas sobre cómo sostener los utensilios para comer. Cada pocas horas, los monjes tenían

El hermano Martín en su punto más delgado. La gente a menudo comentaba sobre sus ojos: «Sus ojos son penetrantes y centellean de una forma extraña», dijo un observador.

que dejar sus pequeñas celdas y dirigirse a un servicio en la capilla, comenzando con maitines en medio de la noche, luego otro a las seis de la mañana, otro a las nueve, otro a las doce, y así sucesivamente. De lo contrario, la vida estaba dedicada a subir la escalera hacia el cielo: se pensaba que usar ropa interior que provoque irritación al roce, y congelarse en el frío invernal era especialmente agradable a Dios, y Lutero a menudo no tomaba pan ni agua durante tres días seguidos (fue solo después de su reforma que comenzó a ganar peso). Lutero lo intentó todo. Sin embargo, cuanto más lo hacía, más preocupado se volvía. Todas esas oraciones en la capilla, por ejemplo, tenían que ser de corazón. Todo monje sabía que sería juzgado por todos los «Padres Nuestros» no sinceros. ¿Pero realmente quiso decirlos lo suficiente? ¿Y si se retrasaba? En algún momento, todo monje descubrió que la enfermedad u otros deberes podrían impedirle llegar a la capilla. Algunos estaban felices de pagarle a alguien más para rezar esas oraciones pendientes en su nombre. Pero no Lutero: él usó sus fines de semana para ponerse al día.

Luego estaban todos los demás problemas: permitir que la vista deambulara, reír, cantar mal. Había innumerables pecados que necesitaban ser absueltos, y Lutero no iba a tomar atajos cuando su salvación estaba en juego. Impulsado a la confesión, él agotaría a sus confesores, tomando hasta seis horas cada vez enumerando sus pecados más recientes (en el proceso faltaba a la capilla y así agregaba más oraciones a su lista de «cosas por hacer»). Sin embargo, para Lutero esto no era inusual. Se instaba a los monjes a saquear sus recuerdos en busca de cualquier pecado no confesado. Era lo esperado.

Al final de la confesión, sería absuelto por el sacerdote. Sin embargo, desafortunadamente, el perdón dependía de la verdadera contrición de corazón (así como realizar ciertos actos de penitencia). Para Lutero, que se tomó esto en serio, significaba cada vez una introspección más profunda mientras analizaba su motivación en la confesión. ¿Estaba realmente arrepentido o simplemente quería evitar ser castigado por Dios por lo que había hecho? Tal arrepentimiento no era aceptable.

Su visión de las cosas se resumió en 1507, cuando estaba pautada su primera misa como sacerdote. De repente, mientras estaba en el altar, el terror lo abrumaba. Ahora, por primera vez en su vida, tendría que hablar directamente con el Juez de toda la tierra. Nunca se había atrevido a hacerlo antes, siempre rezando a los santos o María. ¿Cómo podría él, un pecador, dirigirse al Juez? En todo esto, buscaba desesperadamente una solución al problema de la salvación, una solución que parecía oculta a todos los que conocía. A los monjes no se le permitía el estudio privado de la Biblia, pero Lutero se las arregló para encontrar un lugar tranquilo en la biblioteca donde pasaba su tiempo libre con una Biblia, en busca de respuestas, y en el proceso obteniendo un conocimiento extraordinario de la misma.

Luego, en 1510, se le dio la oportunidad de su vida: fue enviado por asuntos de monasterio a Roma. Para un monje que cada vez más se consideraba espiritualmente en bancarrota, era como ganar la lotería. En Roma, el peregrino estaba más cerca de los apóstoles y santos que en ningún otro lugar. El lugar estaba tan abarrotado con sus reliquias (cada una confiere diversos beneficios espirituales) que era una verdadera mina de oro para el alma. Cuando vio por primera vez la ciudad santa se postró en el suelo. Luego, al llegar, corrió de un lugar sagrado a otro, haciendo mérito en cada uno. Su único pesar durante esos días felices era que sus padres aún estaban vivos; si no lo hubieran estado, él podría haberlos liberado del purgatorio en virtud de todo el mérito que iba acumulando. Además, no llegó a hacer misa en San Juan de Letrán (cuyo acto suponía lograr instantáneamente la salvación de su propia madre).

Fue un tiempo maravilloso en Roma, y sin embargo fue allí, en el corazón palpitante de la cristiandad, que la más pequeña semilla de duda fue sembrada en la mente de Lutero. Roma se había convertido en un frenético mercado espiritual. Con toda esa gente pagando misas por sí mismos y sus difuntos, se tendía a impartir las misas al doble de velocidad, tan rápido que no podían entenderse; incluso en una iglesia dos sacerdotes impartieron misa simultáneamente en el mismo altar. Daba que pensar hasta a un monje serio.

Entonces él decidió subir la Scala Sancta. Esta era la escalera que, supuestamente, Jesús había subido para presentarse ante Pilato, y que posteriormente había sido traída a Roma. Subiéndola, besando cada escalón y repitiendo el Padre nuestro en cada uno, se le aseguró que podría liberar el alma de su elección del purgatorio. Por supuesto, no dudó ante la oportunidad. Sin embargo, al llegar a la cima se vio obligado a preguntar: «¿Quién sabe si es verdad?». La visita de la doncella de Augsburgo, una anciana que supuestamente fue alimentada/ nutrida solo por misas, no ayudó a aclarar sus dudas. El hecho de que ella no pareciera tener interés en las cosas cristianas sugería que algo extraño estaba pasando. Sin embargo, en todo esto, no había señal de que hubiera una revolución a la vuelta de la esquina. El asunto era simple: la iglesia solo necesitaba una limpieza.

A su regreso, Lutero fue trasladado al monasterio Agustiniano en la pequeña ciudad de Wittenberg. Su superior había considerado que, con su talento, Lutero haría un buen maestro de teología (y le daría la oportunidad de pasar tiempo con una Biblia, lo que incluso implicaría podría ordenar sus propias ansiedades espirituales). Permitir a Lutero tal libertad con una Biblia era una movida que Roma pronto lamentaría profundamente, pero por el momento, Lutero se convirtió en maestro de la Biblia en la nueva Universidad de Wittenberg.

Wittenberg en el 1540

Wittenberg pudo haber sido pequeña, pero era la capital del gran estado político del electorado de Sajonia y había sido bendecida por el elector Federico «el Sabio» al permitírsele almacenar su deslumbrante colección de reliquias. Fue digna de una peregrinación: la iglesia del castillo tenía nueve pasillos mostrando con orgullo más de 19,000 reliquias. Allí se podía ver una brizna de paja del pesebre de Cristo, un mechón de su barba, un clavo de la cruz, un trozo de pan de la Última Cena, una ramita de la zarza ardiente de Moisés, algunos de los cabellos de Maria y algunos trozos de su ropa, así como

El Sacro Imperio Romano

Importante para la historia de Lutero es la rareza del Sacro Imperio Romano. El Sacro Imperio Romano era, básicamente, un intento brusco de recuperar el antiguo Imperio Romano 400 años después de la caída de Roma (solo que ahora, siendo cristiano, era el Sacro Imperio Romano). No obstante, la versión sagrada era un poco más pequeña que la original: básicamente cubría lo que ahora es Alemania, Austria, Suiza, Países Bajos, República Checa y partes del norte de Italia. De hecho, difícilmente podría llamársele imperio. En el día de Lutero, los emperadores del Sacro Imperio Romano supervisaban una mezcla de estados, muchos de los cuales eran, en realidad, gobernados por príncipes y duques locales que simplemente debían su lealtad al emperador (y quienes se reunirían con él para negocios en los consejos imperiales regulares o «Dietas»). Los 7 príncipes más importantes eran conocidos como «Electores», ya que elegirían los nuevos emperadores. Estos electores eran hombres poderosos que podían permitirse ser de criterio bastante independiente. Los electores de Sajonia Electoral, donde vivía Lutero, ciertamente lo eran, y esto resultaría esencial para la supervivencia de Lutero.

innumerables dientes y huesos de santos célebres. La veneración de cada pieza valía una indulgencia de 100 días (con un bono por cada pasillo), lo que significa que el visitante piadoso podría sumar más de 1,900,000 días fuera del purgatorio.

«Tan pronto como la moneda suena en el cofre, el alma salta del purgatorio»

Así dijo Johann Tetzel, el televangelista de las indulgencias, quien encendió la furia de Lutero. Otra de sus rimas más populares fue: «Pon tu centavo en el tambor, las puertas de perlas se abren

y dentro pasea tu madre». Con sus sermones tenebrosos y su cuarteto con quien viajaba, era poco sutil. «¿No escuchas las voces de los lamentos de tus padres muertos?», preguntó a su audiencia, «y otros, que dicen: "Ten piedad de mí, porque estamos en dolor y castigo severo? De esto podrías redimirnos con una pequeña limosna"».

Por eso, el precio sonaba barato. Ni siquiera le pidió a la gente que confesara sus pecados. Solo bastaba el dinero. Y así, la indulgencia te libraría del purgatorio, incluso bajo culpa de violar a la Madre de Dios. Tetzel, por supuesto, era enormemente exitoso, y mientras la gente salía del purgatorio, el papa conseguía el dinero para reconstruir la Basílica de San Pedro como la joya de la corona del Vaticano.

Sin embargo, en el fondo, había un descontento porque el dinero alemán estaba siendo utilizado para financiar proyectos de construcción italianos. Pero nadie veía problemas en esto como lo vio Lutero. Para el monje, la forma en que se ofrecían estas indulgencias significaba que nadie necesitaba realmente arrepentirse de sus pecados, y eso era un escándalo. En el día de Todos los Santos (1 de noviembre) en 1517, los méritos de los santos debían ser ofrecidos en Wittenberg. Y así, en la víspera del día de Todos los Santos, clavó en la puerta de la iglesia una lista de 95 tesis con el fin de debatir el asunto de las indulgencias. Todos verían el documento al día siguiente.

Con frecuencia la gente imagina a Lutero martillando los clavos y las 95 tesis lleno de ira y rencor, provocando así un inicio espectacular hacia la Reforma. Sin embargo, las tesis estaban en latín, el idioma de la academia, y era bastante habitual que se publicaran avisos en las puertas de la iglesia. Las tesis, en ese entonces, no eran una

Mercado de Indulgencias

protesta dramática y popular, sino una convocatoria a una disputa académica. Y, si las 95 tesis estaban destinadas a ser un manifiesto de la Reforma, fueron un esfuerzo bastante pobre: no contienen ni una mención de la justificación solo por la fe, la autoridad de la Biblia, o, de hecho, de cualquier pensamiento fundamental de la Reforma. Esto se debe a que Lutero todavía no había captado esa «revelación» reformista. Como tal, las tesis no cuestionaban las reliquias e indulgencias, solo su mal uso (más adelante él describiría de manera burlona una mayor colección de reliquias que las de Wittenberg, una que incluía «tres llamas de la zarza ardiente», «la mitad de un ala del arcángel Gabriel» y «dos plumas y un huevo del Espíritu Santo»). Las tesis fueron un ataque al maltrato de las indulgencias por parte de un monje que todavía trabajaba dentro del mundo pensante medieval Católico Romano. Las tesis afirman la existencia del purgatorio y buscaban defender al papa y las indulgencias de la mala reputación. En las 95 tesis, Lutero estaba siendo un buen católico.

Las 95 tesis causaron revuelo, pero fue un revuelo que bien podría haberse olvidado si Lutero no hubiese desarrollado una comprensión completamente diferente del cristianismo. Intencionalmente, Lutero había iniciado una reacción en cadena: «Dios me dirigió a esta tarea en contra de mi voluntad y conocimiento».

De hijo de Roma a hereje

La primera reacción vino, como era de esperar, del traficante de indulgencias, Johann Tetzel. Inmediatamente emitió estruendosas demandas para que se quemara a Lutero como hereje, y para que se publicara una respuesta a Lutero, en la que se defendía la superioridad de las indulgencias sobre meros actos de amor con base en que el amor propio es superior al amor al prójimo. No pasó mucho tiempo para que el clamor contra Lutero creciera, y al año siguiente, 1518, el papa decidió dar la Rosa de Oro, el más alto honor que podía darse, al elector Federico el Sabio (con el claro entendimiento que Federico, como agradecimiento, naturalmente desearía entregar a Lutero a juicio).

Pronto, sin embargo, un oponente más formidable que Tetzel apareció: Johann Eck. En 1519 Eck debatió hábilmente a Lutero en Leipzig, y para asegurar la condena de Lutero, amplió, de manera astuta, el campo de debate sugiriendo que el verdadero problema era el de la autoridad. ¿Quién tiene la última palabra: la Biblia o el papa? Era, por supuesto, una trampa en la que Eck entendía que Lutero se condenaría a sí mismo. El teólogo nombrado por primera vez por el papa para responder a Lutero ya lo había dejado claro: incluso las Escrituras obtienen su poder y autoridad del papa. ¿se atrevería Lutero a contradecirlo?

Lutero cayó directamente en la emboscada de Eck, afirmando que es posible entender las Escrituras sin el papa, incluso en contra del papa. Eck se levantó, llamando a Lutero discípulo de los herejes «malditos y pestíferos» John Wycliffe y Jan Hus. Lutero estaba horrorizado y negaba tal cosa. Él se negó ser un colaborador de la herejía; sin embargo, durante una pausa en el debate, consideró de nuevo lo que Hus había enseñado y empezó a ver que Eck tenía razón: estaba más con Hus que con Roma. Cuando regresó y admitió que sí estaba de acuerdo con mucho de lo que Hus había enseñado, Eck obtuvo todo lo que necesitaba. Partió inmediatamente a Roma para asegurarse de que el papa actuara.

«El nacimiento y origen del papa» por Lucas Cranach el Joven; parte de una serie de imágenes de propaganda luterana tituladas «La Verdadera Representación del papado».

Más importante aún, Eck fertilizó las nuevas dudas de Lutero sobre el papado. Durante los meses siguientes, estaba mucho más seguro que, si Roma afirmaba la autoridad del papa sobre la autoridad de la Escritura, entonces Roma no podría ser reformada por la Palabra de Dios. La palabra del Papa siempre triunfaría sobre la Palabra de Dios. En ese caso, el reinado del anticristo estaba establecido allí, y ya no era la iglesia de Dios sino la sinagoga de Satanás.

Entrando al paraíso a través de puertas abiertas

Durante todo este tiempo, la propia comprensión de Lutero del cristianismo estaba cambiando. Se solía pensar que su percepción de la Reforma vino a él en un instante. Los relatos más antiguos de su vida hablan de este acontecimiento ocurriendo alrededor del 1513 (de ahí la idea de las 95 de 1517 como una proclamación de que la Reforma había comenzado). Sin embargo, el propio Lutero tuvo claro que su descubrimiento no llegó a él hasta casi dos años después de las noventa y cinco tesis. Sería el punto final de un viaje largo y doloroso.

La razón por la que Lutero había publicado sus 95 tesis fue porque creía que la forma en que se vendían las indulgencias abarataba el arrepentimiento; y, en ese momento, el arrepentimiento estaba en el corazón del pensamiento de Lutero. Todo había sucedido a través de un sentir cada vez más profundo de la radicalidad del pecado humano. Lutero empezaba a ver la ingenuidad de la enseñanza medieval de que «Dios no negaría la gracia a aquellos que lo hacen lo mejor que pueden».

Esto sugería que la moralidad de la humanidad es neutra, incluso buena, lo que implica que nuestro «mejor» es aceptable delante de Dios. Sin embargo, Lutero vio que el problema está en nuestros corazones: el amor propio da forma a la misma fibra de nuestros deseos. Y como resultado, nuestro «mejor» no puede ser más que el amor propio.

La única respuesta a este problema del amor propio, él entendió en ese momento, es la autocondena. Dios, en su justicia, odia y castiga el pecado del amor propio. Si deseamos ser salvos, debemos aceptar ese juicio sobre nosotros. En lugar de llamar a Dios mentiroso pretendiendo ser justo y amoroso, la tarea del pecador es decir «Amén» a la acusación de Dios. Solo cuando admites que eres digno del infierno, es cuando puedes estar listo para el cielo. Esto era la salvación, no por confiar en la promesa de la salvación de Dios, sino al aceptar su condenación. Era salvación por humildad.

Esta sombría idea de que la única solución para el amor propio es el odio a uno mismo y la autoacusación estaba basada en un entendimiento espantoso de Dios. Lutero solo podía ver que Dios era todo Juez y no amor, su justicia se trataba de castigar a los pecadores, su «evangelio» solo era la promesa del juicio. He aquí un Dios delante del cual solo se puede temblar. Ese temor a Dios

> Lutero lo sentía cada vez que accedía a la iglesia en la ciudad de Wittenberg. Al entrar al cementerio que rodeaba la iglesia, Lutero vio en el marco de piedra sobre la entrada una imagen tallada en la mandorla (una aureola en forma de almendra) de Cristo sentado sobre el arco iris como juez sobre el mundo, tan molesto que destacaban las venas en su frente, hinchadas y llenas de furor.[1]

Dado el insaciable intelecto de Lutero, esta fase tan oscura de su teología no perduaría por mucho tiempo. El sistema no funcionaba. Toda autoridad desde la Biblia hasta Agustín enseñaba la importancia de amar a Dios, pero este sistema no daba lugar para amar a Dios. ¿Cómo se puede amar a un Dios así?

Durante algún tiempo, la respuesta se le escapaba. Luego, en 1519, mientras estudiaba otra vez los temas de la confesión y el arrepentimiento, le sorprendió que, después de que el pecador se hubiese confesado, el sacerdote pronunciaría la promesa de perdón de Dios. Para Lutero era una forma completamente nueva de ver las cosas. Ahora, la pregunta era: ¿Confiaría el pecador en la promesa de Dios? Y con eso todo cambió. Ahora vio que el perdón no depende de cuán seguro está el pecador de que ha sido verdaderamente quebrantado; el perdón viene simplemente al recibir la promesa de Dios. Así la esperanza del pecador no se encuentra en sí mismo, sino fuera de sí mismo, en la palabra de la promesa de Dios.

Fue mientras meditaba en estos pensamientos, estudiando en su dormitorio en la torre del monasterio, que volvió a considerar el aterrador versículo sobre la justicia de Dios, Romanos 1:17.

Aunque viví como monje sin ningún reproche, sentí que era un pecador ante Dios con una conciencia muy perturbada. No podía creer que Dios estaba en paz por mi satisfacción. Yo no amé, sí, odié al Dios justo que castiga a los pecadores, y en secreto, si no con blasfemia, ciertamente murmuré mucho, estaba enojado con Dios y dije: «Como si no fuese suficiente, los pecadores miserables, perdidos eternamente por causa del pecado original, son aplastados por todo tipo de calamidades por la ley del Decálogo, y sin Dios agregar más dolor por el evangelio y a través del evangelio, nos amenza con su justicia e ira». De tal modo, me enfurecí y mi conciencia estuvo turbada. Sin embargo, me enfrenté a Pablo en aquel lugar, deseando entender qué buscaba el gran San Pablo.

Al fin, por la misericordia de Dios, meditando día y noche, presté atención al contexto de las palabras «en el evangelio se revela la justicia que proviene de Dios, la cual es por fe de principio a fin, tal como está escrito: "El justo por la fe vivirá"». Allí comencé a comprender que la justicia de Dios es aquello por lo cual el justo vive gracias al don de Dios, es decir, la fe. Y este es el significado: la justicia de Dios es revelada por el evangelio, es decir, la justicia pasiva con la cual el Dios misericordioso nos justifica por fe, como está escrito: «El justo vivirá por la fe». Entonces sentí que había nacido de nuevo por completo y que había entrado al paraíso a través de puertas que estaban abiertas.

Aquí, en esta «experiencia de la torre», Lutero descubrió un Dios completamente diferente y la forma completamente diferente en que este se relaciona con nosotros. La justicia de Dios, la gloria de Dios, la sabiduría de Dios: no son formas en las que Dios está contra nosotros. Estas son cosas que Dios tiene y que ha compartido con nosotros. Aquí Lutero vio por primera vez realidades verdaderamente buenas de un Dios bondadoso y generoso que da a los pecadores el don de Su propia justicia. La vida cristiana, entonces, no podría tratarse de la lucha del pecador para lograr su propia, insignificante justicia humana; se trataba de aceptar la justicia perfecta divina de Dios. Aquí ahora estaba un Dios que no quiere nuestra bondad sino nuestra confianza. Todas las luchas y toda la ansiedad podrían reemplazarse con una confianza grande y una fe simple, recibiendo el don.

Fueron estas buenas noticias las que reformaron el corazón de Lutero, y este mensaje el que proclamaría para traer la reforma a otros. Y pronto quedó claro que este descubrimiento no solo le trajo alegría y una confianza bastante notable; le dio lo que solo puede ser visto como un suplemento de energía sobrehumana para dar a conocer esta realidad.

«Los rayos del sol ahuyentan la noche»

Durante el año siguiente, 1520, Lutero se apresuró a escribir. De hecho, estaba escribiendo más rápido de lo que podían imprimir tres imprentas, y tuvo que reducir la velocidad. Y en lugar de escribir en latín académico, escribió en alemán popular, para que la gente común y no solo los eruditos, pudieran entender este evangelio. Su gran velocidad, su estilo sencillo y su mensaje tan revolucionario, combinado con las nuevas innovaciones de la imprenta, le hicieron, tras pocas semanas, el autor alemán más leído.

La primera obra principal, *A la Nobleza Cristiana de la Nación Alemana*, fue el toque de trompeta de la reforma de Lutero contra las murallas defensivas que Roma había construido a su alrededor. Había tres grandes murallas, él explicó, la primera defensa de Roma fue la afirmación de que el papa era el poder supremo en la tierra; la segunda, que solo el papa puede interpretar las Escrituras; la tercera, que nadie más que el papa puede convocar un concilio y así reformar la Iglesia. Con estas murallas en su lugar, Roma era inexpugnable e irreformable. Lutero atacó argumentando que no hay distinción entre clérigos y laicos, lo que significa que las afirmaciones del papa eran infundadas y que todo cristiano tiene derecho a interpretar las Escrituras y convocar un concilio para reformar la iglesia. ¡Cómo cambiaría esto las cosas! Se abrieron campos de debate completamente nuevos una vez que los cristianos llegaron a creer que tenían el derecho a interpretar las Escrituras mismas, sin el papa. Esto proporcionó uno de los grandes retos de la Reforma: por ejemplo, sin recurrir a un papa, ¿qué se debía hacer cuando los que estaban del lado de la Reforma estaban en desacuerdo sobre su interpretación de las Escrituras?

Un mes después apareció *El Cautiverio Babilónico de la Iglesia*. Este documento le siguió a la primera obra, atacando el reclamo de Roma de que la gracia de Dios se debe solo a los sacramentos supervisados por los sacerdotes. Si Lutero tenía la razón y el don de la justicia de Dios se recibe con una simple confianza, esto no podría ser. De hecho, argumentó, si se debe creer en la Biblia y no en el papa, solo hay dos sacramentos (el bautismo y la cena del Señor), no siete, como argumentó Roma.

La tercera, y quizás más importante de las obras principales de Lutero ese año, fue *La libertad de un Cristiano*. Habiendo hecho sus ataques, esta fue su explicación positiva de su evangelio, y lo dedicó al papa, ya que, a pesar de todos sus ataques a Roma y los papas, quería salvar al hombre él mismo. En la parte central del documento hay un relato de un rey que contrae matrimonio

Firma de Lutero

con una prostituta, la alegoría que Lutero usaría del matrimonio del rey Jesús con el malvado pecador. Cuando se casan, la prostituta se convierte, por estatus, en reina. No es que se comportara como una reina y con ello ganara el derecho a la mano del rey. Ella era y es una prostituta completamente malvada. Sin embargo, cuando el rey hizo su voto matrimonial, su estado cambió. Por tanto, ella es, simultáneamente, una prostituta en corazón y reina por estatus. De la misma manera, Lutero vio que el pecador, al aceptar la promesa de Cristo en el evangelio, es simultáneamente pecador de corazón y justo por estatus. Lo que ha sucedido es el «intercambio gozoso» en el que todo lo que tiene (su pecado) ella lo da, y todo lo que él tiene (su justicia, bienaventuranza, vida y gloria) lo da a ella. Así ella puede mostrar con confianza «sus pecados frente a la muerte y el infierno y decir: «Si he pecado, mi Cristo, en quien creo, no ha pecado, y todo lo suyo es mío y todo lo mío es suyo». Esta era la comprensión de Lutero de la «justificación solo por la fe», y es en esa seguridad, argumentó, que la prostituta realmente empieza a ser reina de corazón.

Por supuesto, Roma no iba a aceptar esto de brazos cruzados. Incluso su articulación positiva del evangelio claramente disgustaba

---

La nueva comprensión de Lutero de la fe y el pecado

En *La Libertad de un Cristiano*, Lutero demostró que, por su nueva comprensión del evangelio, ahora estaba operando con definiciones muy diferentes de pecado y fe. Las cosas que había entendido que eran pecado (asesinato, adulterio, etc.) ahora entendía que eran meros síntomas del problema real: incredulidad.

Este es el pecado del mundo: no creer en Cristo. No es que no haya pecado contra la ley además de esto; pero ese es el verdadero pecado principal, que condena al mundo entero incluso si no se le pudiera acusar de ningún otro pecado.

Por lo tanto, el pecador podría describirse como «el hombre en contra de sí mismo», o «el hombre mira a sí mismo», porque el pecado es no mirar a Cristo con confianza, sino mirarse a uno mismo. Pero eso es precisamente lo que todos sus esfuerzos previos de devoción habían sido: ¡confiar en sí mismo!

En contraste, la fe ya no era el mero consentimiento de ir a misa, y tampoco era algo que «hacer». Este es un error fácil de cometer cuando se piensa en la justificación solo por la fe: puede sonar como si, en lugar de todas las obras y penitencias antiguas, la fe es ahora lo único que debemos «hacer» -incluso trabajar duro en ello- para ser salvo. El peligro entonces sería que cayéramos de nuevo en la vieja introspección de Lutero, preguntándonos si estamos «haciendo» el acto de fe lo suficiente. Podría ser más útil describir lo que Lutero descubrió como «justificación por Palabra de Dios» en lugar de «justificación por la fe», porque es la Palabra de Dios la que justifica aquí, no nuestra fe.

Fe, pensó Lutero, no es un recurso interno que debemos encontrar; si lo fuera, ¡sería pecado según su definición! Para él, la pregunta «¿Tengo suficiente fe?» malinterpreta completamente lo que es la fe, al mirar y confiar en sí mismo, en lugar de en Cristo. La fe es algo pasivo, simplemente aceptar, recibir, creer a Cristo, tomar a Dios en serio en lo que promete en el evangelio.

muchos. El inquisidor de Colonia, por ejemplo, sintió que la alegoría de Lutero del rey y la prostituta convirtió a Cristo en un vulgar:

¡Como si Cristo no se tomara la molestia de distinguir y elegir,
sino que simplemente asume incluso a la novia más repugnante y
no se preocupa sobre... una amante pura y honorable! ¡Como si
Cristo requiriera de ella únicamente fe y confianza y no le
interesara su rectitud y otras virtudes!

Sin embargo, había más que asco. En 1520, el papa emitió
una bula (un decreto autenticado por el propio sello del papa)
ordenando a Lutero que se retractara en un plazo de 60 días o
enfrentar la excomunión y la prohibición (bajo la cual a nadie

La bula papal
excomulgando a Lutero

se le permitiría darle refugio o
sostenerlo, sino entregarlo). Con-
firmó Lutero en su pensamiento:
nadie había tratado de refutarle
con las Escrituras, lo que en su
mente probaba que a Roma no
le interesaba la Palabra de Dios,
sino solo silenciar cualquier amenaza a su supremacía. Al situarse
por encima y en contra de la Palabra de Dios, solo podía ser una
herramienta de Satanás. Su respuesta abrasadora fue un tratado
titulado *Contra la Execrable Bula del
Anticristo*. Luego, cuando terminó
el plazo de 60 días, el pueblo de
Wittenberg fue invitado a la fosa de carroña afuera de una de
las puertas de la ciudad. Lutero se presentó y arrojó su copia
de la bula al fuego con las palabras: «Porque has confundido la
verdad de Dios, hoy el Señor te confunde. ¡Al fuego contigo!».
Junto a ella fueron varias obras de teología y libros de derecho
canónico, destruyendo simbólicamente todo el sistema eclesiástico de la iglesia romana.

Después, no pasó nada. Técnicamente, Lutero ahora estaba
excomulgado y bajo prohibición, pero ya la autoridad de Roma

estaba siendo expuesta. Era una situación que el emperador del Sacro Imperio Romano Germánico no podía tolerar. Lutero fue llamado a comparecer ante él en el próximo consejo imperial en Worms. Desde ese momento, Lutero enfrentó la ira del emperador, el papa, el riesgo de arder en la hoguera y la posibilidad del infierno para siempre si estaba equivocado. Es el testimonio del poder transformador de su descubrimiento del evangelio, que el monje que una vez estuvo asustado bajo la tormenta ahora miraría a todos ellos con la inamovible afirmación: «¡En esto creo!».

Secuestrado

Después de su audiencia, el emperador no tardó mucho en declarar a Lutero como «un cismático obstinado y un hereje manifiesto» que no debe ser recibido por nadie ni leído por nadie, en peligro del castigo más terrible. Lutero, sin embargo, no estaba esperando

Una ilustración del siglo XIX de Lutero antes de la Dieta de Worms

en Worms para ser condenado. Él ya había abordado un transporte hacia Wittenberg.

Sin embargo, en el camino, cuando el transporte cruzaba un camino angosto y rocoso, un grupo de jinetes rodeó el grupo de Lutero, apuntando sus arco y flecha. En medio de acusaciones, Lutero fue arrebatado y llevado lejos. Todos sabían lo que había sucedido: Lutero había sido incautado para una ejecución silenciosa y sumaria. «Oh Dios», escribió el artista Alberto Durero, «si Lutero ha muerto, ¿quién nos enseñará el santo Evangelio tan claramente?». Era exactamente lo que querían que pensaran. Los secuestradores eran, de hecho, empleados del Elector Federico el Sabio, quien había ideado el plan para mantener a Lutero en custodia segura sin incurrir en los peligros de ser visto alojando a un criminal. Y no lo habían llevado a una tumba escondida, sino que, después de zigzaguear por el área para deshacerse de cualquiera que los persiguiera, habían llegado, tarde esa noche, al castillo de Wartburg, la fortaleza de Federico en Sajonia electoral. Iba a ser el hogar secreto de Lutero durante los próximos diez meses... y el escenario de algunos de sus logros más extraordinarios. Dejó crecer su barba y su pelo para cubrir el corte de pelo de monje, y pronto sería irreconocible en las ropas de caballero. Martín Lutero, el bandido, había desaparecido; este personaje era conocido como «Sir George». Parecía apropiado para un asesino de dragones. A pesar de toda la emoción y el triunfo que pudo haber sentido, encontró que su tiempo en el castillo fue extremadamente difícil. Estaba solo y enfermo. Sin embargo, trabajó con un esfuerzo que superó incluso al del año anterior. Incapacitado para predicar a una congregación, escribió un libro de sermones modelo. Y, entre otras cosas, en menos de once semanas, logró traducir al alemán el Nuevo Testamento griego de Erasmo. Hubo que pulirlo un poco antes de que estuviera listo (y se agregaron algunas ilustraciones, por ejemplo, un panorama de Roma junto a la descripción de Apocalipsis de la destrucción de Babilonia), pero sorprendentemente, en ese tiempo Lutero había producido una obra maestra. El lenguaje era tan contundente, tan colorido, tan de la calle, que transformó la forma en que la gente hablaba alemán. Lutero se estaba convirtiendo en el padre de la lengua alemana moderna. Más importante aún, con su publicación en septiembre de 1522, Lutero realizó su sueño de que la gente «pudiese abrazar y saborear la Palabra clara y pura de Dios y aferrarse a ella».

Por medio de cartas intentó que la Reforma alcanzara a Wittenberg. Un gesto pastoral implicaría que el lector apreciara más el evangelio. «Sé un pecador y peca con valentía», le escribió a un joven amigo que estuvo tentado a hacer de su propia piedad el fundamento de su confianza delante de Dios,

pero cree y regocíjate en Cristo aún más valientemente, porque él es victorioso sobre el pecado, la muerte y el mundo. Mientras estemos aquí [en este mundo] tenemos que pecar. Esta vida no es la morada de la justicia, pero, como dice Pedro, buscamos cielos nuevos y tierra nueva en la que habita la justicia. Basta que por las riquezas de la gloria de Dios hayamos llegado a conocer al Cordero que quita el pecado del mundo. Ningún pecado nos separará del Cordero, aunque cometamos fornicación y asesinato mil veces al día. ¿Crees que el precio de compra que se pagó para la redención de nuestros pecados por un Cordero tan grande fue demasiado pequeño?

También en Wartburg, Lutero sufrió tentaciones y asaltos que realmente nunca lo abandonarían. «Mi tentación es esta, que creo que no tengo un Dios misericordioso». Esta podría parecer una tentación extraña después de todo lo que le había pasado, pero lo vio como un ataque del diablo sobre él, y lo obligó a ser un experto médico de la duda. No es que eso fuera siempre obvio. A veces rugiría desdeñosamente al tentador: «Pero si eso no es suficiente para ti, Diablo, yo también he defecado y orinado; limpia tu boca con eso y dale un buen bocado». Otras veces defecaba sobre él, o le arrojaba su tintero, dejando, para la admiración de los peregrinos de Lutero, una mancha de tinta (regularmente retocada, por supuesto, para aumentar el sentido de devoción —las reliquias regresaban con tanta facilidad).

Muchos encuentran este lado de Lutero bastante preocupante. ¿Estaba él fuera de control? Claramente, Lutero no era un héroe cristiano limpio y sin fallas; era muy terrenal. Sin embargo, estaría mal descartar estas batallas con el diablo como los ataques de un lunático con una mente sucia. Sus ataques no se ajustan a los diagnósticos médicos ni a los patrones normales de una depresión. Y sus respuestas tenían un punto: Lutero entendía que las dudas inspiradas por Satanás eran dignas de ser excretadas, rechazadas, elevadas y ridiculizadas a carcajadas. Era demasiado sutil y tentador para enfrentarlo de frente.

En otras ocasiones, luchó contra sus dudas escribiendo un verso relevante de la Biblia en su pared, en un mueble o, de hecho, en cualquier cosa que tuviera a mano. Una vez más, es muy revelador. Él sabía que dentro de él solo había pecado y duda. Toda su esperanza estaba fuera de sí mismo, en la Palabra de Dios. Allí su seguridad ante Dios no estaba afectada por cómo se sentía o cómo lo hacía. Y así, al enfrentarse a la duda, no buscaba en sí mismo ningún consuelo (eso sería infidelidad y pecado, el origen de toda ansiedad, ¡no la cura!); en cambio, mantendría ante sus ojos esta palabra externa inmutable.

Cómo reformar una iglesia

Mientras tanto, de vuelta en Wittenberg, los que estaban a cargo hacían lucir la Reforma como si se tratara realmente de atacar a los sacerdotes y las imágenes de los santos, comiendo tanto como sea posible en los días de ayuno, y, en general, haciendo todo de manera diferente solo para ignorar las viejas costumbres. En la mente de Lutero, era un gran error. Fue tan malo como Roma obsesionarse con lo externo y luego imponer cierto comportamiento. El problema que vio en la iglesia no eran las imágenes físicas; primero, las imágenes necesitaban ser removidas de los corazones.

Lutero salió de su escondite, regresó a Wittenberg y, en lugar de usar la fuerza para reformar, trató de persuadir a las personas con las Escrituras a través de una predicación sencilla y clara. Él entendía que la Palabra de Dios primero debía convencer a la gente, y luego las viejas estructuras podridas colapsarían. Era exactamente lo que él había defendido ante el emperador, que son las Escrituras las que deben impulsar y dictar el pensamiento y la práctica. Como resultado, Lutero nunca creyó que debería idear un gran programa para difundir la Reforma. Simplemente quería dar rienda suelta a la Palabra de Dios, y dejar que esta hiciera todo el trabajo.

Aun así, hacer eso era simplemente una tarea enorme. Como estaban las cosas, la estructura misma de cada servicio de la iglesia militaba en contra de que se abriera la Biblia. Así que Lutero reescribió la liturgia para convertirla en una maestra de la Biblia. Entre otros cambios estuvo la introducción del canto congregacional (antes, la gente no hacía mucho más que mirar a los sacerdotes). Para asegurar el contenido de lo que cantaba, Lutero compuso himnos para ellos (era un hombre a quien le importaba el oído, amante tanto de las palabras como de la música). Probablemente el más conocido fue el himno de batalla de la Reforma, «Castillo fuerte es nuestro Dios», cuyas palabras dieron a conocer las ideas de Lutero a millones:

¡Satán, y su furor! Dañarnos no podrá,
Pues condenado es ya por la Palabra Santa.

Además de todo esto, reestructuró la forma en que se dirigía la iglesia; proveyó predicadores para otras ciudades; alentó y aconsejó reyes y príncipes interesados en la Reforma, desde Suecia hasta Transilvania; y escribió catecismos (explicaciones básicas de la fe díseñadas para ser memorizadas). El catecismo fue algo que Lutero se tomó muy en serio. Creía que todos debían memorizarlo, que cualquiera que no esté dispuesto a aprenderlo debía ser excluido de la Cena del Señor, que los padres debían retener la comida y bebida de tales niños, y que, en última instancia, estas personas debían ser exiliadas. Sabía que no podía forzar la fe, pero insistía en que la gente al menos conociera la verdad. Y, en muchos sentidos, parecía funcionar. En pocos años, calculó, los jóvenes de quince años en Wittenberg sabrían más sobre la Palabra de Dios «que todas las universidades y médicos antes».

Caty

No pasó mucho tiempo antes de que la mayoría de los monjes abandonaran el monasterio de Lutero en Wittenberg. Y para los que se quedaron, la vida ya no giraba en torno a los innumerables servicios; ahora empleaban su tiempo libre hablando de la nueva teología con jarras de cerveza. Pronto Lutero fue el único que permaneció, y después de eso, el Elector decidió ceder todo el monasterio a Lutero para que fuera su propio hogar.

De hecho, todo monasterio y convento que escuchaba del descubrimiento de Lutero perdía sus monjas y monjes y abandonaban el catolicismo. En 1523, un grupo de monjas en otro estado alemán (donde el gobernante ejecutaba a las monjas que huían) escribieron para preguntarle a Lutero qué debían hacer. Él aconsejó escapar e incluso hizo los arreglos. Disfrutando el simbolismo, envió a un vendedor de arenque a su convento en la mañana de Pascua, su carroza cubierta llena de barriles de arenque. 9 monjas subieron y fueron contrabandeadas hacia una nueva vida en Wittenberg.

Las ex-monjas, por supuesto, no tenían seguridad social alguna, por lo que Lutero sintió que era su deber encontrar esposos para todas. Se las arregló para ocho de ellas, pero para la novena, Catalina de Bora, fue difícil. Por un tiempo, lo último que tenía en mente Lutero era el matrimonio para sí mismo. Supuso que no pasaría mucho tiempo antes de que lo quemaran como hereje, aparte de los recurrentes atentados contra su vida, y, por lo tanto, sintió que no sería justo para él tomar una esposa. Sin embargo, a pesar de su posición ante el papa y emperador, durante los próximo dos años el acoso de sus amigos y la novena monja lo agotó. Se casó con Catalina, 15 años menor que él, en 1525.

Está claro que Martín y Caty disfrutaban la compañía uno del otro, ya sea caminando en el jardín, pescando juntos o comiendo con sus amigos. Sus cartas entre ellos, escritas cuando Lutero viajaba, estaban llenas de bromas y de claro afecto. Y ella fue lo suficientemente enérgica como para enfrentarse al indomable reformador. «En asuntos domésticos, me rindo a Caty. En lo demás soy guiado por el Espíritu Santo». Como tal, Lutero tendría que recurrir a sobornos para lograr que ella leyera más su Biblia.

La casa que construyeron juntos en el antiguo claustro fue un hogar alegre y estruendo, lleno a lo largo de los años con tres hijos, dos hijas, un perro e innumerables visitantes, parientes y estudiantes. Lutero hizo construir una bolera en el jardín para cuando tomaba receso de su estudio y oración (oraba durante al menos tres horas al día, estudiando versículos de la Biblia y sosteniendo sin rodeos las promesas de Dios, exigiendo que Él las cumpliera). Caty dirigía su importante cervecería privada, vendía parte de la cerveza para ayudar a llegar a fin de mes y usar el resto para financiar todas esas discusiones teológicas durante las comidas y en las noches. Eso no le impidió reprochar ocasionalmente a Martin por beber con demasiada libertad en tales ocasiones, ni de sentirse molesta cuando los estudiantes en la mesa se la pasaban tomando notas en lugar de comer. Sin embargo, la tragedia los golpeó dos veces: ambas hijas murieron jóvenes, una de ellas, Magdalena, murió en los brazos de

Martín. Estaba abrumado con lágrimas y, sin embargo, hizo todo lo posible para consolar al resto de la familia con la esperanza del evangelio. «Ella se levantará de nuevo en el último día», declaró sobre el ataúd. Fue dicho con la confianza que alguna vez habría considerado un pecado presuntuoso.

¿Qué es esta reforma?

Casi al mismo tiempo en que Martín se unía a Caty, estaba involucrado en lo que fue, quizás, el diálogo más significativo de la Reforma. Fue con el erudito que había publicado el Nuevo Testamento griego que lo había convertido: Erasmo. Aquí estaban dos ex-monjes agustinos, dispuestos a reformar la Iglesia. Sin embargo, como mostró su diálogo, tenían ideas muy diferentes de cómo debería ser la reforma. Para Erasmo, era simple: no quería nada más que darle a la iglesia un buen baño moral. Limpiar la corrupción, lavar la hipocresía, y todo iría bien. Sin embargo, a lo largo de los años estaba cada vez más preocupado por el hecho de que Lutero quería decir algo completamente diferente con «reforma». Donde él quería para llamar a los papas a ser mejores papas, Lutero quería deshacerse de los papas por completo. Donde él quería limpiar el sistema Católico Romano, Lutero quería quemarlo todo y reemplazarlo.

Y así, en 1524, Erasmo escribió *Sobre la libertad de la Voluntad*, en la cual argumentó que, aunque, por supuesto, Lutero tenía razón al decir que nunca podremos ganar méritos ante Dios, él también había ido demasiado lejos. Porque, aludió Erasmo, Dios es como un padre amoroso, y toma nuestros torpes esfuerzos y les sonríe como si realmente valieran algo. A Erasmo siempre le gustó posicionarse como el hombre sabio, por encima de los extremos toscos de las mentes más mezquinas, y esto era típico de Erasmo, apuntando a una posición intermedia sofisticada entre Roma y la Reforma. Pero por supuesto, como Lutero, quería defender la gracia de Dios. Sin embargo, ¿seguramente Dios recompensará una buena acción? Sencillamente no podía no entender que Lutero depositara toda su certeza de salvación solo en Cristo, y no en sus propias obras en lo absoluto Todas las diferencias vinieron de cómo Lutero y Erasmo entendieron el cristianismo. Erasmo era de los que siempre decía que las cosas en la Biblia eran mucho más complicadas de lo que parecen en principio. Por tanto, las masas necesitan una gran mente como la suya para entenderlas o, si ni siquiera él podía entenderlas (y esto se aplicaba a muchas cosas) entonces deben contarse entre los innumerables misterios de ese oscuro texto, la Biblia. Dado lo poco clara que era la Biblia, consideró que los cristianos no deberían tratar de resolver cuestiones doctrinales como la Trinidad, el rol de Dios en la salvación y otras cuestiones complicadas. Dios no lo había dejado claro, y por lo tanto no deben ser muy importantes y probablemente no ayudan y distraen del asunto más importante como lo es vivir la vida cristiana. «La suma de nuestra religión es la paz y la unanimidad», una vez dijo, «pero estas apenas pueden mantenerse a menos que definamos lo menos posible».

El cristianismo, para Erasmo, era esencialmente moralidad, con un mínimo de declaración doctrinal adjunta... La actitud de Lutero era muy diferente. Para él, el cristianismo era ante todo una cuestión de doctrina, porque la verdadera religión era ante todo una cuestión de fe; y la fe es correlativa a la verdad... El cristianismo para Lutero era una religión dogmática, o no era nada... La concepción de Erasmo de un cristianismo no dogmático y la aireada indiferencia del humanista por cuestiones de doctrina le parecían tan esencialmente anti-cristiano como bien podría serlo cualquier cosa.[2]

Erasmo era, en ese momento, el erudito más venerado del mundo, y dado que *Sobre la Libertad de la Voluntad* vino de una figura tan eminente (y una que había sido tan decisiva en su propia conversión), Lutero realmente lo leyó. Por lo general, solo leía un par de páginas de polémicas contra sí mismo antes de usarlas como papel higiénico. Debido a la reputación académica de Erasmo, parecía que era el de peso pesado; pero esto era teología y Erasmo no era teólogo. En este ámbito, Erasmo era como una hormiga atacando a un rinoceronte.

Lutero respondió con *La esclavitud de la voluntad*, atacando los argumentos «a medias» de Erasmo. Y realmente fue devastador. Lutero se negó a hablar sobre el corazón de cómo ser salvo en el estilo frío y desapasionado de Erasmo. Pensaba que Erasmo había sido preocupantemente simplista sobre el punto clave: ¿podemos hacer algo para nuestra salvación? En completo contraste con Erasmo, Lutero insistió en que, a pesar de todo lo que elegimos hacer libremente, naturalmente nunca elegimos agradar a Dios, y por lo tanto toda nuestra salvación debe ser obra de Dios, no nuestra.

La diferencia se evidencia en las palabras utilizadas por ambos hombres para describir sus depresiones. Lutero llamó la suya «Anfechtung». La palabra sugiere un asalto desde afuera, un ataque del diablo. La única esperanza descansa en una conquista externa por Cristo, quien por nosotros venció al diablo, la muerte y el infierno. Erasmo llamó la suya «pusillanimitas», literalmente, debilidad de espíritu, debilidad de corazón, para la cual tenemos el derivado, y poco utilizado, pusilanimidad. Esto implica una debilidad interior, que el hombre puede remediar recomponiéndose. En el caso de Lutero el esfuerzo moral era inútil, pero no lo era para Erasmo.[3]

Debido a que Erasmo falló en confiar completamente en la gracia de Dios, Lutero concluyó con tristeza que Erasmo debía ser un extraño para ello. Con su Nuevo Testamento griego, como Moisés, había dirigido a muchos fuera de la esclavitud; sin embargo, como Moisés, nunca entró en la Tierra Prometida. La marcada diferencia entre ellos mostró que la reforma de abusos y la Reforma eran dos proyectos completamente distintos.

La primera era un llamado al hombre a mejorar; la segunda, una admisión de que no puede y por lo tanto debe confiar en la gracia todo suficiente de Dios que los moralizadores implícitamente negaban.

Transmitiendo la Reforma

En 1530, 9 años después de que Lutero se hubiera presentado ante él en «Worms», el emperador Carlos V decidió celebrar otra dieta imperial, esta vez en Augsburgo. Las fuerzas del islam habían llegado hasta Viena y eran una amenaza inminente para la cristiandad (lo seguirían siendo hasta 150 años después, cuando la media luna del islam fue derrotada en las afueras de Viena y el pueblo comiera pan en celebración). Carlos quería enfrentarlos con una fuerza cristiana unida, lo que implicaba que necesitaría lidiar con las diferencias religiosas en el imperio.

Por supuesto, Lutero no pudo ir él mismo. Seguía siendo un condenado hereje bajo las ordenes del emperador. Sin embargo, en Augsburgo, su joven colega, Felipe Melanchthon, compuso una confesión de fe luterana para someterla al emperador. Lutero estaba encantado con eso. El emperador no lo estaba. Sin embargo, 9 príncipes del imperio firmaron la confesión; y con eso, el luteranismo se convirtió, oficialmente, en una fuerza reconocida. Las cosas habían cambiado desde la última dieta y el enfrentamiento entre el emperador y el monje.

Detrás de este crecimiento temprano de la Reforma estaba la pluma incansable de Lutero. Produjo volúmenes de comentarios bíblicos, libros de sermones, tratados y obras de teología.

Sin embargo, más importante que todos ellos, en 1534 completó su traducción del Antiguo Testamento al alemán y lo publicó con prefacios, notas marginales e ilustraciones. «Aquí encontrarás los pañales y el pesebre en el que yace Cristo», anunció el prefacio. Lutero siempre enfatizó que todas las

Escrituras tratan solo de Cristo, porque es solo por la fe en él que cualquiera podría alguna vez ser salvo. Por esta razón criticaba el libro de Santiago; sintió que no estaba lo suficientemente «lleno de Cristo». Un domingo, cuando el pasaje de la Biblia establecido para el día era de Santiago, él solo leyó el texto, y luego le dijo a la congregación, «no quiero predicar sobre esto», y pasó a predicar sobre otra cosa.

La muerte a la que tanto temía se arrastró lentamente sobre Lutero. El gran cambio supuso que ahora anhelaba ver a Cristo. Sin embargo, fue un declive doloroso. Las constantes e inmensas demandas sobre él devastaron su salud. En 1534 sufrió el primero de varios ataques al corazón. Cuando estaba en movimiento, sufría un doloroso absceso en la pierna, así como el recurrente e insoportable dolor de piedra en el riñon cuando

Xilografía de Ezequiel 1 por Lucas Cranach el Joven, Biblia de Wittenberg 1541

trabajaba, luchaba con fuertes dolores de cabeza, mareos y un fuerte zumbido y rugido en sus oídos.

Lutero y los judíos

Lo que probablemente aleja a más gente de Lutero que cualquier otra cosa es su tratado *Sobre los Judíos y sus Mentiras*. Exaltado y utilizado como virtud tradicional alemana por los nazis en el siglo XX, y exhibido en una vitrina en los mítines de Nuremberg, fue suficiente para muchos descartar a Lutero como un antisemita odioso, y toda su teología como fatalmente contaminada.

Sin lugar a dudas, el artículo contiene material tan horrible que uno desearía que jamás lo hubiese escrito. Sin embargo, no solo fue escrito mucho después de su gran transformación reformista, tras un cambio de perspectiva respecto a los judíos (es decir, no es correcto manchar toda su teología bajo esta acusación), pero también, la caricatura es una distorsión. No hubo racismo de por medio.

En 1523 escribió *Que Jesucristo nació Judío*, una crítica al maltrato común de los judíos por parte de los cristianos. Lo dedicó a un judío recién convertido con el que se había hecho amigo, a quien más tarde sostendría económicamente (y cuyo hijo alojaría) a un gran coste personal. A través de los años, sin embargo, detectó lo que vio como una dureza de corazón en los judíos incrédulos, ya que se negaron a reconocer que sus propias Escrituras les apuntaban claramente a Cristo. Finalmente, impulsado por una virulenta apologética judía que atacó al cristianismo, en 1542 escribió *Sobre los judíos y sus mentiras*. En él argumentó, primero, que ser hijos de Abraham siempre fue un asunto espiritual, no de genética; luego pasó a mostrar en el Antiguo Testamento que Jesús debe ser el Cristo prometido; solo entonces pasó a su notorio conjunto de recomendaciones.

Si bien condenaba los actos personales de venganza, argumentó que las leyes de blasfemia estándar deberían aplicarse a los judíos, haciendo que su religión sea criminal. Como tales, las sinagogas y casas judías deberían ser destruidas como peligrosos focos de blasfemia; y junto con otros blasfemos, los judíos mismos deberían ser expulsados.

Es difícil para una audiencia moderna, no solo evitar leer el antisemitismo racial posterior a un material tan desagradable, sino también entender que estas eran, en ese momento, medidas comúnes tomadas contra los herejes. Lutero luchaba por que se aplicaran los poderes del estado para defender el cristianismo.

Y, si bien sus recomendaciones son repulsivas, no provenían de una falta de preocupación espiritual. Concluyendo la obra, escribió: «Que Cristo, nuestro amado Señor, los convierta misericordiosamente y nos preserve firmes e invariables en el conocimiento de Él, que es la vida eterna. Amén».

Sin embargo, hasta el final tuvo una personalidad que podría incendiar el río Rin. A algunos les encantó, otros desearon que pudiera ser al menos un poco menos grosero y crudo. Ciertamente, no era el personaje ideal y de vitirinas. Quizás, sin embargo, un hombre tan franco y vigoroso era justo lo que se necesitaba para la tarea trascendental y aparentemente imposible de desafiar a toda la cristiandad y darle la vuelta. Fue una terapia agresiva para el mundo. Y, de alguna manera, su personalidad parece adecuada para el evangelio que descubrió: no inspira ninguna superación moral en los futuros discípulos; en cambio, su humanidad testifica de la absoluta necesidad de un pecador de la gracia de Dios.

En enero de 1546, Lutero tenía 63 años y se consideraba muy viejo. Contra los temores de Caty, se enfrentó al frío invierno sajón para viajar a Eisleben, la ciudad donde nació, a resolver una disputa. Una vez allí, sintiendo que no le quedaba mucho tiempo, sus pensamientos se volvieron hacia su propia resurrección después de la muerte; durante la cena, la conversación fue sobre si nos reconoceremos o no en la resurrección. Estaba seguro de que lo haríamos.

Después de la comida, sintió dolor y una opresión en el pecho. Se acostó y oró el Salmo 31:5 («En tus manos encomiendo mi espíritu») y luego en broma ordenó a los que estaban con él que oraran «por nuestro Señor Dios y su evangelio, para que todo le vaya bien, porque el Concilio de Trento y el maldito papa están muy enojados con él». La broma tenía un punto serio: su propia muerte no importaba, porque el evangelio es el poder de Dios para la salvación y no puede ser silenciado por la muerte de un sirviente de la furia de un enemigo. Finalmente, en lo que casi parece una repetición final de su juicio en Worms, se le preguntó: «¿Estás listo para morir confiando en tu Señor Jesucristo y confesar la doctrina que has enseñado en su nombre?». Un claro «sí» fue su respuesta. Poco después, tomó su último suspiro. No había sacerdote presente, no se administraron sacramentos y no se hizo la última confesión. En cambio, había una simple confianza ante Dios. Todo fue testimonio de cómo su enseñanza había cambiado las cosas.

Lutero fue enterrado, apropiadamente, bajo su propio púlpito. Años antes, cuando Lutero fue secuestrado y dado por muerto, Alberto Durero había gritado: «Oh Dios, si Lutero está muerto, ¿quién nos enseñará el santo Evangelio con tanta claridad?». Ahora que realmente estaba muerto, la pregunta era: ¿podrían realmente creer a Lutero, que todo estaría bien con el Señor Dios y su evangelio?

Notas

1 Oswald Bayer, «Justificación: Base y Límite de la Teología», en Joseph A. Burgess y Marc Kolden (eds.), Solo por Fe: Ensayos en Honor a Gerhard O. Forde (Eerdmans, 2004), p. 78.

2 J. I. Packer y O. R. Johnston, «Introducción Histórica y Teológica Sobre la Esclavitud de la Voluntad de Martín Lutero» (James Clarke & Co., 1957), págs. 43–44.

3 R. Bainton, Erasmo de la Cristiandad (William Collins Sons & Co., 1969), 33.

3 Soldados, salchichas y revolución: Ulrich Zwinglio y los reformados radicales

Martín Lutero no fue el único profeta de la reforma. A los dos meses del nacimiento de Lutero, el «mercenario de Dios», Ulrico (o Huldrych) Zwinglio, nació en el lindo pueblo alpino suizo de Wildhaus.

Los Alpes son encantadores, Zwinglio siempre lo pensó así, pero no era fácil ganarse la vida en ellos en el siglo XV, y muchos suizos descubrieron que era más fácil ganar dinero haciéndose mercenarios a sueldo. Y claramente eran buenos en eso: los valientes y disciplinados piqueros suizos y William Tell, como tiradores de ballesta, eran temidos en toda Europa por su destreza militar. Los días de gloria pronto seguirían con Julio II, un papa que pasó más tiempo con armadura, a la cabeza de los ejércitos papales, que haciendo misa en Roma. Quería que los músculos suizos hicieran de guardaespaldas personal y columna vertebral de su ejército.

Nada de esto podía parecerle muy relevante a Ulrico Zwinglio cuando, a los 22 años, se convirtió en el párroco de la pequeña ciudad de Glaris. Estaba dispuesto a emprender una carrera cómoda en la iglesia. Sin embargo, Glarus era prácticamente un campamento militar, que proporcionaba algunos de los mayores contingentes de hombres para el ejército papal. Siendo un patriota feroz, Zwinglio decidió unirse a sus hombres como capellán del ejército e ir a luchar por el Santo Padre y la Madre Iglesia. Esta experiencia lo cambiaría para siempre. En 1515 se encontraron con el gigantesco ejército del rey Francisco I de Francia en Marignano, en las afueras de Milán. Fue una masacre en la que murieron más de 10 000 suizos. La visión romántica de Zwinglio de los nobles suizos peleando con honor por una causa santa se ahogó en su sangre. Se dio cuenta de que había entendido mal tanto la guerra como al papa. La conmoción lo obligó a preguntarse qué más podría haber malinterpretado.

Un extraño nuevo mundo

Una vez de vuelta a casa, en Glaris, se dio cuenta de que había pasado años leyendo comentarios bíblicos, pero que no había leído la propia Biblia. Así que en 1516 compró un ejemplar del Nuevo Testamento Griego de Erasmo, recién salido de la imprenta, y dio el paso revolucionario de intentar comprenderlo. Apenas suena revolucionario hoy, pero eso solo muestra la profundidad del cambio que la Reforma consiguió en Europa. En ese momento, ir directamente a la Biblia y tratar de comprenderla se consideraba peligrosamente subversivo. Sin la guía del papa, la gente podría hacer que la Biblia dijera cualquier cosa. Peor aún, implicaba que el papa no era el intérprete de las Escrituras designado por Dios. Era una pendiente resbaladiza hacia el cisma, era alejarse del abrazo de la Madre Iglesia.

Sin embargo, Zwinglio experimentó algo más que la emoción de romper las reglas. Al abrir su Nuevo Testamento, disfrutó de lo que casi nadie en Europa había disfrutado durante un milenio:

podía leer la misma Palabra de Dios, la autentica, las mismas palabras que el Espíritu Santo había dado a los apóstoles para escribir. Estaba tan emocionado que copió la mayoría de las cartas de Pablo y memorizó casi todo el Nuevo Testamento en griego. Para Zwinglio fue un viaje como el de Colón 20 años antes: encontró un mundo nuevo en la Biblia, un mundo con el que nunca había soñado. Sin embargo, si fue en ese momento que Zwinglio se convirtió, no fue una conversión al estilo de Lutero. No tuvo ningún problema con el culto a los santos, convirtiéndose en sacerdote del santuario de la «Vírgen negra» de Einsiedeln en 1516; tampoco tuvo ningún problema con el papado, recibiendo felizmente una pensión papal por sus servicios en el ejército papal. De hecho, dos años después, un mes después de que Lutero fuera llamado a Roma para ser interrogado, fue nombrado capellán papal. Seguiría siendo parte del sistema romano durante algunos años todavía, pero todo el tiempo su teología estaba evolucionando. Su pensión papal la gastó en libros, y comenzó a estudiar hebreo para poder leer también el Antiguo Testamento tal como, según vio, Dios lo había dictado.

Mientras tanto, los rebaños de peregrinos que llegaron a Einsiedeln difundieron su reputación como predicador. El chico del pueblo con un marcado acento rústico fue nombrado predicador en el *Great Minster* (Gran Catedral) de Zúrich. No fue una designación popular; aunque la gente no tenía ningún problema con sus puntos de vista, se le opusieron porque admitió que recientemente había visitado a una prostituta. Sin embargo, parecía genuinamente arrepentido y, en cualquier caso, ese pequeño alboroto fue eclipsado casi de inmediato por lo que hizo Zwinglio a continuación. El sábado 1 de enero de 1519 (en su cumpleaños 35) subió al púlpito bajo los altos campanarios de la catedral y anunció que, en lugar de predicar a través de lecturas establecidas y llenar sus sermones con pensamientos de los teólogos medievales, predicaría a través del Evangelio de Mateo versículo por versículo. Y cuando lo hubiera terminado, seguiría con el resto del Nuevo Testamento. La Palabra de Dios llegaría a todo el pueblo, sin diluir, sin adulterar, constantemente: de eso se ocuparía Zwinglio, y así se reformaría Zúrich.

Hubo un acontecimiento más que cambiaría a Zwinglio de manera significativa. En 1519, la peste azotó Zúrich y casi arrastró a Zwinglio con ella. Fue tan histórico para él como cuando Lutero casi fue alcanzado por un rayo 14 años antes: llevado al borde del abismo de la muerte se vio obligado a mirar hacia la eternidad. Solo que, mientras Lutero había rezado a Santa Ana, Zwinglio descubrió que solo podía confiar exclusivamente en la misericordia de Dios. Cuando se recuperó, era un hombre transformado, un hombre

«La danza de la muerte» de Hans Holbein

con la misión de hacer algo valiente para Dios. Ahora veía claramente que toda confianza en las cosas creadas, ya fueran santos o sacramentos, era una burda idolatría. Iba a conducir los corazones de la gente desde los ídolos hasta el Dios vivo de misericordia.

El soldado amable

Sin embargo, esto todavía no significaba quemar bulas papales y escribir tratados contra Roma. Mientras Lutero hacía todo eso, Zwinglio se unía a la jerarquía católica romana al aceptar el puesto de canónigo en el Gran Ministro. Zwinglio era extremadamente cauteloso, por lo que le hacía a veces ser cobarde, y esto implicó que la Reforma en Zurich fuera menos dramática de lo que a menudo lo fue en otros lugares. Esto se sumó al hecho de que Roma dependía de mercenarios suizos y, por lo tanto, aunque estaban cada vez más perturbados por los informes de Zúrich, los papas no creían que pudieran permitirse molestar a la ciudad excomulgando a Zwinglio. Todavía en 1523, antes de darse cuenta de que no vendrían más hombres de Zúrich a luchar por Roma, el papa sintió que podía escribir una carta amistosa y halagadora a Zwinglio.

En consecuencia, algunos radicales en Zurich comenzaron a ver a Zwinglio como un cuello de botella, que restringía el flujo del Espíritu que se derramaba para la obra de la reforma. Querían eliminar el obstáculo y forzar el paso. Sin embargo, la falta de drama en Zurich no debe confundirse con la falta de reforma. Zwinglio sabía que sacar los martillos, por emocionante que fuera, no produciría un cambio real. Más bien, creía que el verdadero secreto de la reforma era cambiar los corazones individuales mediante la aplicación del evangelio. La reforma externa de las iglesias debe fluir de esa conversión interior si ha de ser algo más que una cirugía estética. Por lo tanto, en lugar de hacer campaña por el cambio, Zwinglio se dedicó a predicar la Palabra de Dios. Habiendo preparado a la gente, esperaría a que exigieran el cambio que requiere la Palabra de Dios. Los resultados no fueron rápidos, pero tuvieron una durabilidad casi única incluso más allá de su propia muerte. Cuando se produjeron cambios en Zurich, vinieron de la convicción profunda y popular de que la Palabra de Dios los mandaba, y por eso se mantuvieron.

La claridad y certeza de la Palabra de Dios

En 1522, Zwinglio escribió esto, una de sus mejores obras, sobre el poder y la eficacia de la Palabra de Dios. En ella, comienza examinando Génesis 1:26, donde ve a las tres Personas de la Trinidad trabajando juntas para crear a la humanidad a su semejanza. Como esto sucedió, dice Zwinglio, la humanidad, al estar hecha a la imagen de este Dios, siempre anhela secretamente la Palabra de Dios. No somos conscientes de que lo anhelamos, pero este es el deseo detrás de todos nuestros anhelos: anhelamos la vida y la luz que aporta la Palabra de Dios.

Son estas dos características de la Palabra de Dios las que Zwinglio realmente quiere observar: que es una palabra de poder vivificante y una palabra de iluminación. Primero, dice, la Palabra de Dios tiene certeza (cuando Dios habla, sucede, como por ejemplo cuando dijo: «¡Hágase la luz!»). Segundo, la Palabra de Dios tiene claridad. Con esto quiso decir que, no solo es inteligible, sino que, además, trae su propia iluminación. No tenemos que estar previamente iluminados para entender la Palabra de Dios, pues no aportamos nuestra propia luz a la Palabra. Al contrario, la Palabra es luz y trae luz a nuestra oscuridad natural. Esta creencia fue esencial para el proyecto de reforma de Zwinglio: podía predicar las Escrituras a todos porque todos pueden entenderlas. Ya no serían propiedad exclusiva de la élite educada. Pero al decir que la Palabra de Dios trae su propia iluminación, Zwinglio también quiso decir que no reconocemos que la Biblia es la Palabra de Dios por lo que alguien nos dice o por algún argumento racional, sino porque cuando Dios habla, nos vemos obligados a reconocer su Palabra por lo que es. Sabemos que las Escrituras son divinas, no cuando el papa lo dice, sino cuando las leemos. Si no logramos ver eso, la culpa es nuestra, dice:

Considera un buen vino fuerte. Para el sano tiene un sabor excelente. Lo alegra, lo fortalece y le calienta la sangre. Pero si hay alguien que está enfermo o tiene fiebre, no puede ni siquiera probarlo, y mucho menos beberlo, y se maravilla de que el sano sea capaz de hacerlo. Esto no se debe a ningún defecto del vino, sino al de la enfermedad. Lo mismo ocurre con la Palabra de Dios. Es justa en sí misma y su proclamación es siempre para bien. Si hay quienes no pueden soportarla, entenderla o recibirla, es porque están enfermos.

Esta alta visión de las Escrituras fue el motor de la transformación de Zurich. La palabra de Dios, dijo, es como un río poderoso e imparable. Puede predicarse con la mayor confianza, porque es el poder efectivo de Dios para crear, salvar y cambiar el mundo.

Llegaron cambios, y no todos estaban a gusto: católicos genuinos que se opusieron a la teología de Zwinglio; monjes que temían ser expulsados de sus monasterios; aquellos a quienes simplemente no les gustaba el cambio. Pronto, rumores sobre Zwinglio comenzaron a escucharse en las calles: era un

espía al servicio del rey de Francia o (extraordinariamente) del papa; era un libertino (abriendo esa vieja llaga); era un hereje; tal vez incluso era el anticristo.

Los chismes maliciosos eran una cosa, pero que lo llamaran hereje ponía en duda la esencia misma de la Reforma. Zwinglio se lanzó a defender su teología y, cinco años después de que Martín Lutero escribiera sus 95 tesis, Zwinglio escribió 67. Pero, donde Lutero se había expuesto a sí mismo a un ataque con las indulgencias y la teología medieval corrupta, Zwinglio presentó un esquema más amplio de lo que es la Reforna. Argumentó que Cristo, el verdadero líder de la Iglesia, gobierna su Iglesia a través de su Palabra, no a través del papa. Por tanto, la Biblia, no el papa, es la maestra. Esto fue una puñalada directa al corazón de los reclamos y el poder del papa. También argumentó que la muerte de Cristo en la cruz fue un sacrificio completo y, por lo tanto, no necesita repetirse constantemente en la misa. Esto vendría a desafiar el propósito mismo del sacerdocio, porque celebrar la misa era lo que hacían. Atacó ferozmente la práctica de orar a los santos, negó la existencia del purgatorio y argumentó que solo la confianza en Cristo, no nuestras propias buenas obras, puede salvar. Fue la primera flecha que Zwinglio disparó directamente hacia Roma. Pero fue una flecha cargada.

¿Robó Zwinglio de Lutero?
Zwinglio siempre afirmó que había llegado a sus puntos de vista sin la ayuda de Lutero:

> Los papistas dicen: «Debes ser luterano, porque predicas tal como Lutero escribe». Yo les respondo: «Yo predico tal como Pablo escribe. ¿Por qué no me llamas paulino?». . . No seré llamado por el nombre de Lutero, porque he leído poco de sus enseñanzas. No tendré más nombre que el de mi capitán, Cristo, de quien soy soldado. Sin embargo, valoro a Lutero tanto como a cualquier otro vivo.

Muchos piensan que la idea de que Zwinglio podría haber llegado a tales puntos de vista «luteranos» de forma independiente, pero casi de manera simultánea es una coincidencia demasiado grande para creerla. ¿Sería, de hecho, un seguidor secreto de Lutero que simplemente fingió haber hecho su propio descubrimiento para obtener la gloria?

Probablemente no. El tono del pensamiento de Zwinglio es bastante diferente al de Lutero, y él hace énfasis en cosas diferentes. Por ejemplo, mientras que junto a Lutero Zwinglio definitivamente creía en la justificación solo por la fe, nunca tuvo la misma prominencia en su pensamiento que para Lutero. Y no significaba exactamente lo mismo. Lutero creía que cuando Adán pecó y fue declarado culpable, toda la raza humana quedó, por así decirlo, «revestida» de su culpa; pero cuando nos volvemos a Cristo, estamos «revestidos» de su justicia. Zwinglio, por otro lado, creía más que todos nos volvemos culpables cuando realmente pecamos, pero que Cristo nos hace justos en nosotros mismos. La idea de Lutero de que los creyentes son al mismo tiempo justos (en situación ante Dios) y pecadores (de corazón), no figuraba realmente en la mente de Zwinglio. En cambio, el énfasis de Zwinglio estaba más en la idolatría, el problema de confiar en las criaturas en lugar del Creador.

Si hubo una influencia en Zwinglio que no fuera la Biblia, probablemente fue Erasmo más que Lutero. Como Erasmo, pero muy diferente de Lutero, citaba a Platón con tanta alegría como a Pablo para exponer sus puntos. Como Erasmo, tendía a pensar en Cristo como un ejemplo para nosotros, más que como: nuestro salvador. Definitivamente, esto no puede ser exagerado: una y otra vez uno lee en Zwinglio líneas como: «Porque así como Abraham abrazó a Jesús, su bendita simiente, y por él fuimos salvos, así también hoy nosotros somos salvos por él». Sin embargo, la salvación recibe menos atención de Zwinglio. El resultado fue que sus mensajes leían muy diferentes: donde Lutero abrió la Biblia para encontrar a Cristo, Zwinglio buscó, de forma más simple, abrir la Biblia.

Las diferencias entre ellos se convirtieron en tensiones a lo largo de los años, hasta que en 1529 los dos hombres finalmente se conocieron. Felipe, el gobernante protestante de Hesse en el centro de Alemania, los invitó a ambos a su castillo en Marburgo en un intento por unir el protestantismo. Descubrieron que estaban de acuerdo en la mayoría de las cosas, pero en la Cena del Señor eran irreconciliables. Lutero creía que el cuerpo y la sangre de Cristo están realmente presentes en el pan y

SOLDADOS, SALCHICHAS Y REVOLUCIÓN | 81

el vino, por lo que la Cena del Señor es un regalo de la gracia de Dios. Aquellos que reciben a Cristo con fe son bendecidos, aquellos que toman la Cena sin fe enfrentan un juicio especial por despreciar a Cristo cuando se les ofrece. Zwinglio sostuvo que el cuerpo de Cristo no puede estar literalmente presente en el pan, sino que está simbolizado por el pan. Para él, la Cena del Señor era un mero símbolo para ayudarnos a conmemorar el sacrificio de Cristo y afirmar nuestra membresía a su cuerpo. Lutero estaba horrorizado. Le pareció que Zwinglio estaba convirtiendo la Cena en una oportunidad para que hiciéramos algo (es decir, conmemorar y significar algo sobre nosotros). Esto, sin duda, significaba que la Cena del Señor ya no se trataría de gracia sino de obras. Creyendo que Zwinglio había comprometido fatalmente el evangelio, Lutero se negó a asociarse con él. La reforma en Wittenberg y Zurich, de ahora en adelante, se desarrollaría independiente de la otra.

Zurich reclutó

Era hora de un enfrentamiento entre Zwinglio y sus oponentes. Se organizó un debate público para el 29 de enero de 1523, y allí Zwinglio debía defender sus puntos de vista. Cuando llegó el día, el Ayuntamiento estaba abarrotado, por lo que sería una lucha teológica tensa, con el futuro de Zurich en juego. Al Zwinglio entrar fue evidente que estaba mejor preparado. Habló con copias grandes del Nuevo Testamento griego, el Antiguo Testamento hebreo y la Vulgata latina abierta frente a él. Y estaba claro que los conocía bien; pudo citar de memoria largos pasajes del original. En definitiva, fue imbatible, y el debate un triunfo total para él. Nadie se atrevió a enfrentarse a un peso pesado teológico con la acusación de herejía. Mejor aún,

Zwinglio triunfó tanto que el ayuntamiento dictaminó inmediatamente que solo la predicación bíblica sería legal en Zurich.

Por supuesto, eso cambió todo. Pero la primera pregunta
ahora era: ¿cómo pudo pasar? Muy pocos conocían su Biblia
lo suficientemente bien como para poder predicar realmente
bíblicamente. Y así Zwinglio se propuso la creación de una
escuela para predicadores. La primera etapa fue una escuela pri-
maria para niños, para que se alfabetizaran. Después de eso, la
siguiente etapa fue una universidad teológica. Allí los estudiantes
recibían, como dijo Zwinglio, «el don de lenguas» (el conocimiento de hebreo, griego y latín) y eran enseñados a «profetizar»
(predicar). Con sus días dedicados al estudio de la Biblia y clases
de teología, surgió toda una generación de pastores y misioneros
que estaban bien entrenados en el conocimiento de la Biblia. De
esos tiempos de estudio surgieron comentarios sobre muchos
libros de la Biblia, así como una traducción completa que luego
fue ricamente ilustrada y publicada como la Biblia de Zurich en
1531. Así Zwinglio cargó el compartimiento de bombas de la
Reforma en Zurich, haciendo que la invasión de la Biblia fuera
casi imposible de resistir.

Anna Zwinglio

Desde el inicio, Zwinglio estaba convencido de que
Roma se equivocó al insistir en el celibato de sus sacerdotes. La Biblia no enseña tal cosa. Sin embargo, creía que
si realmente se casaba sería una piedra de tropiezo innecesaria a los que aún no habían llegado a su punto de
vista sobre la autoridad de la Biblia por encima del papa.
Así que, en 1522, se casó en secreto con Anna Rein-
hart. Tras 2 años, sintió que la gente ya estaba lista para
aceptarlo, así que se casaron de manera oficial y tuvieron varios hijos, la mayoría de los cuales murieron en
la infancia. En casa, Zwinglio demostró que, aunque no
aprobaba la música en la iglesia, de hecho era un músico

exitoso que podía tocar varios instrumentos. ¡La mayoría de estos talentos parecen haberse gastado en divertir a los niños y mandándolos a dormir!

Cuando Zwinglio murió, su teniente y sucesor, Heinrich Bullinger, se llevó a Anna y a sus dos niños pequeños a su propia casa.

Los monasterios continuaban cerrando: con monjes y monjas simplemente marchándose, o tratándolo como hoteles, esto era inevitable. Las iglesias se transformaron en todos los sentidos: se retiraron las reliquias, imágenes de santos, crucifijos, velas, altares y vestiduras sacerdotales. Incluso los órganos fueron retirados, ya que Zwinglio no aprobaba la música instrumental en la iglesia, temiendo que su belleza atrajera a la gente a idolatrar la música en sí.

Pero el cambio real se produjo el Día de Pascua de 1525. En lugar de celebrar la misa, se colocaron panecillos sencillos en platos de madera en una mesa sencilla en el medio de la iglesia; junto a ellos había una jarra de vino. No se entonó latín; todo estaba en el alemán suizo que la gente podía entender. Entonces, por primera vez, a la gente, mientras todavía estaba sentada en sus bancas, se les dio no solo el pan sino también el vino. Y con eso, al dejar de recibir los sacramentos de la iglesia romana, la ruptura con Roma fue completa.

Una espada para el Señor

En la época de Zwinglio, Zúrich era parte de la confederación Suiza, oficialmente parte del Sacro Imperio Romano Germánico, pero a todos los efectos una colección independiente de mini-estados (llamados cantones). Sin embargo, toda esta reforma de Zurich estaba poniendo a los cantones Católicos cada vez más nerviosos. ¿Podría la confederación sobrevivir a la desunión religiosa? ¿Podrían las fuerzas católicas del emperador hacerles pagar a todos por el crimen de Zurich a través de una invasión? Preferían anticiparse a la clase de desastres que veían que Zurich inevitablemente traería sobre ellos. Pronto los tambores de guerra podían escucharse en los valles, y en el verano de 1531, un cometa (Halley), presagio de guerra, se vio en los cielos.

La batalla de Kappel

No tomó mucho tiempo. Un ejército católico suizo pronto marchó con una intención: invadir y convertir a Zurich. Una fuerte defensa fue formada rápidamente. Sabiendo que un ataque exitoso probablemente apagaría la vela del evangelio de Zúrich; Zwinglio se puso la armadura y se preparó para liderar a los hombres. «Mercenario de Dios» hasta el final, defendería el evangelio con las armas. El 11 de octubre, en las afueras de Zurich en la batalla de Kappel, los dos ejércitos se enfrentaron. No hubo competencia: las fuerzas de Zurich fueron aplastadas con facilidad, y el propio Zwinglio resultó gravemente herido. Encontrándose incapaz de moverse, los soldados victoriosos exigieron que rezara a la Virgen María. Él se negó, por lo que el Capitán Fuckinger de Unterwalden lo apuñaló hasta la muerte, dejando a sus hombres descuartizar el cuerpo y quemarlo. Como gesto final, luego mezclaron sus cenizas con estiércol para evitar que se convirtieran en una reliquia.

De manera inmediata surgió una leyenda sobre esto. Se dijo que, simbólicamente importante, tres días después, algunos amigos encontraron restos de Zwinglio (presumiblemente bastante malolientes) en el campo de batalla. Cuando lo hicieron, vieron su corazón puro levantarse de las cenizas. Luego lo dividieron entre ellos para guardarlo, irónicamente, como reliquias. Sin embargo, probablemente haya algo más en la historia que meras tonterías supersticiosas. Es casi seguro que antes de que Zwinglio fuera asesinado gritó: «¡Puedes matar el cuerpo, pero no puedes matar el alma!». Lo que la leyenda del corazón de Zwinglio transmite es que, mientras el cuerpo es abatido y quemado, su corazón no podía morir. Su espíritu vivió en aquellos que habían sido tocados por su predicación.

Las manos hábiles de Heinrich Bullinger se hicieron cargo de las riendas de la Reforma de Zurich, guiándola hacia una madurez estable durante los próximos cuarenta años. Y, cinco años después, un francés llamado Juan Calvino llega a la ciudad suiza de Ginebra, trayendo consigo lo que parecería un pedazo del corazón de Zwinglio.

Volviéndose Radical

Algo que enfrentaron tanto Lutero como Zwinglio fue la presencia de radicales. Tanto en Wittenberg como en Zúrich hubo quienes pensaron que la Reforma avanzaba demasiado lento, o no lo suficientemente lejos. La historia de la Reforma Radical mayormente pertenece a Zurich, porque fueron los radicales de allí quienes, al final, fueron abrumadoramente más exitosos. Fueron ellos los que dejarían el legado más duradero. Sin embargo, primero que todo necesitamos volver, brevemente, a Wittenberg.

Es el año 1521. Martín Lutero, regresando de la Dieta de Worms, fue secuestrado y puesto bajo custodia protectora en el castillo de Wartburg. Por tanto, la Reforma en Wittenberg quedó temporalmente en manos del colega de Lutero, Andreas Carlstadt. Un error: Carlstadt era un exaltado, forzando la reforma a un ritmo que la gente no podía afrontar. El día de Navidad, por ejemplo, dio pan y vino a la gente, ordenándoles que tomaran el pan del plato ellos mismos, en lugar de metérselo en la boca como harían los sacerdotes católicos. La gente estaba conmocionada y aterrorizada. Creían que el pan era el mismo cuerpo de Cristo: recogerlo con las manos sucias era horriblemente sacrílego. Un hombre temblaba tanto que dejó caer el pan. Carlstadt le ordenó que lo recogiera, pero para entonces el hombre estaba tan abrumado que no pudo.

No fue solo Carlstadt el que obligó a una reforma acelerada. Una vez que los males de la idolatría habían sido proclamados desde el púlpito, a menudo era casi imposible evitar que las turbas se dedicaran a destrozar santuarios a causa del alcohol. Esto no niega la sinceridad religiosa de los destructores de imágenes. Muchos se oponían profundamente a esas imágenes y todo lo que representaban. La cuestión era que no había gran emoción en la forma de recreación del siglo XVI, pero destrozar estatuas, romper cristales y quemar imágenes de madera era definitivamente divertido.

Los borrachos y los aburridos no necesitaban mucho para ser atraídos. Y toda la experiencia a menudo se hizo deliberadamente divertida. En un caso, por ejemplo, una estatua de madera de la Virgen María fue acusada de ser una bruja. Para probarlo, fue arrojada al río. Siendo madera, por supuesto, flotó, y luego fue condenada y quemada. Todos disfrutaron de eso.

Además de todo eso, tres hombres de la aledaña Zwickau llegaron a Wittenberg, afirmando ser profetas que no tenían necesidad de la Biblia ya que el Señor les había hablado directamente. Rechazaron el bautismo infantil y abogaron por la aceleración del reino de Dios mediante la matanza de los impíos. «¡Nace de nuevo o muere!». Se habían abierto las compuertas del cambio y aquí estaba el agua blanca. Wittenberg estaba sumido en el caos.

Lutero, ignorando la sentencia de muerte que se cernía sobre él, salió de su escondite para pedir una reforma más cuidadosa. Predicó una serie de sermones en los que, como Zwinglio, argumentó que la verdadera reforma viene por la conversión de corazones, no por la alteración de las prácticas externas. Y, como Zwinglio, dijo que el poder de cambiar los corazones se encuentra solo en la Palabra de Dios, no en los martillos, el fuego y la fuerza:

> No restringiré a nadie por la fuerza, porque la fe debe venir libremente sin coacción. Tómenme a mí como ejemplo. Me opuse a las indulgencias y a todos los papistas, pero nunca con fuerza. Simplemente enseñé, prediqué y escribí la Palabra de Dios; de lo contrario no hice nada. Y mientras dormía o bebía cerveza Wittenberg con mis amigos Philip y Amsdorf, la Palabra debilitó tanto al papado que ningún príncipe o emperador le infligió tales pérdidas. No hice nada; la Palabra hizo todo.

Lutero creía que los radicales habían perdido el sentido de la Reforma. Su ataque fue contra la idea de que alguna vez podríamos hacer algo para ganar mérito ante Dios. El de ellos fue contra cosas externas como imágenes, los sacramentos y, en el caso de los «profetas» de Zwickau, la Biblia. Su mensaje fue que toda la salvación es un don puro que se recibe con fe sencilla. El de ellos era que las cosas externas deben ser rechazadas.

Los tornados gemelos: Müntzer y Münster

Si Lutero pudo contener las cosas en Wittenberg, en otros lugares el fuego comenzaba a salirse de control. Más que nada, esto se debió a Thomas Müntzer, un infierno andante que hacía que Carlstadt pareciera un aguafiestas. Con su propia mezcla única de misticismo, luteranismo e Islam, Müntzer era un predicador de fuego y azufre que se veía a sí mismo como un nuevo

Gedeón, un profeta guerrero enviado para traer juicio al impío. Todo esto lo sabía porque, según creía, Dios hablaba su «palabra interior» directamente a su corazón, una palabra infinitamente superior a la «palabra exterior» muerta de la Biblia sobre la que Lutero insistía. Como era de esperar, no fue particularmente cortés con Lutero, a quien veía como un enemigo de la Reforma real. Lutero, por supuesto, podía dar tanto como recibía: «Müntzer,», dijo en una ocasión, «¡cree que se ha tragado el Espíritu Santo, con plumas y todo!».

Müntzer estaba apasionadamente preocupado por ver las implicaciones sociales del evangelio de Lutero. Lutero había enseñado la igualdad espiritual y la libertad de todos los creyentes. Müntzer pensó que esto debería llevarse a cabo en la sociedad para convertirse en igualdad social y libertad política. Desigualdad, opresión política y toda impiedad debe ser purgada. Entonces vendría el apocalipsis, y Müntzer quería acelerar ese día con el filo de su espada. Todo esto iba contra la corriente del propio pensamiento de Lutero, que entendía la libertad cristiana como algo completamente ajeno a la libertad política. Las famosas declaraciones en la introducción de su obra *La libertad de un Cristiano* lo decían todo: «Un cristiano es un señor perfectamente libre de todo, no sujeto a nadie. Un cristiano es perfectamente obediente, sirviente de todos, sujeto a todos». Para Lutero, el campesino oprimido podía, espiritualmente, ser tan libre como el príncipe opulento.

Sin embargo, hombres como Müntzer y el malestar social a menudo se unen. En 1381, fue el grito de John Ball («Cuando Adán cavaba y Eva hilaba, ¿quién era entonces caballero?») el que avivó la revuelta de los campesinos ingleses. La historia estaba a punto de repetirse. La fuerte predicación apocalíptica de Müntzer fue una ráfaga de oxígeno puro sobre el descontento social latente de la época. Pronto, gran parte de Europa estaría en llamas. Ciertamente, los tiempos eran perfectos para un hombre como Müntzer: el aire estaba lleno de expectativas apocalípticas y profecías locas. La predicción de que en 1524 todos los planetas se alinearían en el signo de Piscis fue vista como un presagio de un gran mal. Las tensiones luego estallaron en lo que fue la Guerra de los Campesinos Alemanes de 1524-1525, la mayor revuelta popular en Europa antes de la Revolución Francesa de 1789. El clímax llegó en 1525, cuando Müntzer dirigió un ejército campesino a la batalla de Frankenhausen. Cuando la lucha estaba a punto de comenzar, apareció un arco iris, que Müntzer interpretó como una señal del juicio de Dios sobre el enemigo. Los campesinos mal equipados fueron a la carga, solo para ser masacrados por el ejército profesional. Müntzer fue capturado, torturado y decapitado.

Con él murió mucha buena voluntad hacia la Reforma. Muchos gobernantes, incapaces de distinguir entre Müntzer y Lutero, se endurecieron implacablemente hacia el movimiento como un todo. Si la reforma significaba rebelión, estaban decididos a aplastarla. En cuanto a los gobernantes que pudieron hacer la distinción, su ira y sospecha se centraron igualmente en todas las formas de radicalismo. Ya no sería tolerado.

Sin embargo, Müntzer fue solo un primer disparo desde de la proa de Europa. Lo peor estaba por venir. Un carismático panadero de Haarlem, Jan Matthijs, todavía creía, como muchos otros, que el fin estaba cerca. Sin embargo, a diferencia de Müntzer, Matthijs conocía los detalles. Predijo que la ciudad de Münster en el noroeste de Alemania era la futura nueva Jerusalén. Sería el centro de toda la acción apocalíptica, donde se reunirían los verdaderos creyentes y desde donde comenzaría el juicio del Armagedón. Los radicales pronto llegaron a Münster, donde en 1534 lograron llegar al poder en las elecciones del ayuntamiento.

Con eso, el cambio llegó instantáneamente. Se prohibió el bautismo de niños y se hizo obligatorio el bautismo de adultos. Los que se resistieron fueron expulsados de la ciudad. Se impuso el comunismo, y las puertas tuvieron que dejarse abiertas día y noche para mostrar que todas las propiedades realmente se tenían en común. Münster se había convertido en el escándalo de Europa, y pronto la ciudad fue sitiada. Sin embargo, eso solo alimentó el fervor apocalíptico. El Domingo de Pascua de 1535, Matthijs se lanzó solo contra el ejército sitiador, aparentemente con la impresión de que Dios le permitiría, sin ayuda de nadie, derrotarlos a todos. No lo hizo.

La ejecución de Jan van Leiden y sus secuaces (observe las tres jaulas que cuelgan de la torre)

Quizás un hombre llamado Jan van Leiden lo animó en esto, porque fue él quien luego sucedió a Matthijs (habiendo impresionado adecuadamente a todo Münster corriendo desnudo por las calles gritando profecías extáticas y echando espuma por la boca).

Van Leiden disolvió el ayuntamiento, eligió a doce nuevos ancianos simbólicos, y con una manzana dorada en la mano (representando su gobierno global) se ungió a sí mismo como el rey David de esta nueva Jerusalén. La poligamia se instituyó y se hizo cumplir, siendo la ejecución la opción alternativa. De hecho, rechazar el bautismo de adultos, quejarse, murmurar, regañar a los padres y cualquier número de «ofensas» triviales ahora se castigaba con la muerte. Jan personalmente decapitó y pisoteó a una de sus dieciséis esposas en la plaza del pueblo simplemente por ser atrevida.

Finalmente hartos de todo esto, en junio de 1535 dos ciudadanos abrieron una de las puertas de la ciudad al ejército sitiador (una fuerza Católica-Luterana, tal era la unidad de la oposición), que entro en masa para masacrar a casi todos. Pero para van Leiden, solo la muerte más espantosa bastaría: él y dos secuaces fueron despedazados con tenazas al rojo vivo y depositados en tres jaulas, que (aunque los huesos han desaparecido) todavía se pueden ver colgando de la torre de la iglesia de Saint Lambert.

Algunos (los Batenburg, liderados por Juan de Batenburg) pensaron que el problema era que Jan van Leiden no había sido lo suficientemente minucioso. Manteniendo su comunismo polígamo, se fueron en una embestida, matando a todos los que no se unieron a ellos. Sin embargo, para la gran mayoría, el legado combinado de Müntzer y Münster arrojó una gran sombra de sospecha sobre la Reforma Radical. Con amigos así, los radicales no necesitaban enemigos. Muchos de ellos pudieron haber sido pacifistas, pero ahora todos eran tachados de peligrosos revolucionarios. Significaría décadas de salvaje persecución por todos lados. También significaría un cambio de rumbo. Ahora que sospechaban de los carismáticos profetas autoproclamados, un número creciente comenzó a recurrir a la Biblia y al radicalismo pacifista salido de Zurich.

Sausagegate

En Zurich no hicieron revueltas y alborotos. Comieron salchichas. Era la Cuaresma de 1522, cuando se reunieron doce amigos para celebrar una fiesta de comer salchichas. La tradición decía que uno no debía comer carne durante la Cuaresma. Estos hombres querían desafiar la tradición humana. Zwinglio no participó de esta: hacer gestos con salchichas no era su forma de reformarse. Pero sí defendió públicamente a sus amigos, porque la Cuaresma, argumentó, era solo una institución humana. Los cristianos deben adorar solo de acuerdo al mandato de Dios; agregar mandamientos humanos (sobre cosas como qué y cuándo pueden los cristianos comer) era agregar una carga innecesaria a personas que Cristo nunca pidió a sus seguidores que llevaran.

Sin embargo, el escándalo de las salchichas de Zúrich fue solo el primero. Demostró que había hombres en Zurich que no estaban de acuerdo con el modelo de reforma de Zwinglio que era solo a través de la enseñanza de la Biblia. Pronto estaban interrumpiendo los servicios y rompiendo imágenes. Más aún, querían separarse de la corrupción de la iglesia que vieron a su alrededor, estableciendo nuevas congregaciones puras, compuestas solo por verdaderos creyentes. Este fue su otro gran desacuerdo principal con Zwinglio. Quería reformar la iglesia, no abandonarla.

Juntas, estas diferencias, querer forzar la reforma, y querer separarse, crearon la crisis del bautismo. En 1524, el pastor de una ciudad cerca de Zurich comenzó a predicar contra el bautismo infantil, y algunos comenzaron a negarse a que sus hijos fueran bautizados. Era una declaración clara de que deseaban forzar su separación de la vieja iglesia corrupta. Y así, como la Santa Cena separó a Lutero de Zwinglio, el bautismo separó a Zwinglio de los radicales. Era irónico, ya que, en muchos sentidos, la visión de los radicales sobre el bautismo era solo una extensión de la de Zwinglio. Zwinglio había argumentado que la Santa Cena era sobre expresar su fe. Los radicales decían que era lo mismo con el bautismo. Vieron el bautismo como un testimonio público del hecho que interiormente ya habían sido bautizados en el Espíritu y habían nacido de nuevo. Sin embargo, esto fue muy diferente a lo que Zwinglio y Lutero dijeron sobre el bautismo. Para ellos, el bautismo era una ofrenda del evangelio correspondiente a la circuncisión del Antiguo Testamento, y algo a lo que se debe responder con fe. Hizo toda la diferencia: lo que dijeron Zwinglio y Lutero hacía completamente apropiado el bautismo infantil. Lo que dijeron los radicales lo hacía completamente incorrecto.

En 1525 se organizó una disputa pública sobre el tema. Al final, se juzgó que Zwinglio y Bullinger habían ganado el argumento, y el consejo ordenó que todos los niños fueran bautizados bajo pena de destierro. Unos días después, un pequeño grupo de hombres se abrió paso a través de la nieve hasta la casa de Felix Mantz. Allí, Conrad Grebel, el líder muy querido de los radicales de Zurich, bautizó a George Blaurock, quien luego bautizó a los demás él mismo. En las semanas siguientes, muchos más adultos fueron bautizados, y pronto comenzaron a celebrar ellos mismos la Cena del Señor. Todo el mundo podría reconocer esto como una declaración de independencia de la iglesia existente: esto era ahora un movimiento distinto, los «Hermanos Suizos». Si la gente no entendió el punto de inmediato, lo habrían hecho cuando un número de ellos desfilaron por Zurich gritando: «Ay, ay de ti, Zurich!». Porque habían recibido el bautismo de adultos además del bautismo que habían recibido de niños, ellos (junto con todos los radicales) de ahí en adelante fueron mordazmente conocidos como «anabautistas» (literalmente, «Rebautizadores»).[1]

Todo esto fue intolerable para el ayuntamiento, que decretó que tales rebautizados debían ser sentenciados a un segundo rebautismo al ser ahogados. El primero en enfrentarse a este destino fue Felix Mantz. En enero de 1527 lo retiraron en un bote pequeño al medio del río Limmat que atraviesa Zurich, sus manos estaban atadas, y lo bajaron al agua helada para que se ahogara. Aquellos que estaban en las orillas y observaban se sorprendieron por su silencio y gentil coraje. Puede que hayan despreciado lo que él había representado, pero se vieron obligados a reconocer que se trataba de un radical muy diferente a Thomas Müntzer.

Mantz mostró de muchas maneras el futuro para el Anabautismo: pasivo en lugar de agresivo, separatista en lugar de revolucionario, dirigido por la Biblia en lugar de la «palabra interior». Sin embargo, como Mantz, el anabautismo no podía esperar un mejor tratamiento como resultado. Las sombras de Müntzer y Münster los perseguirán durante más de un siglo, asegurándose de que siguieran siendo los despreciados y temidos ogros de Europa. Pronto tres más siguieron a Mantz hasta el fondo del río Limmat. Fueron solo los primeros de un enorme catálogo de mártires Anabautistas.

En todo caso, el rechazo solo alentó el separatismo de los anabautistas. Así como el mundo los rechazó a ellos y a su mensaje, ellos sacudían el polvo de sus sandalias y rechazaban al mundo. Ellos crearían una sociedad alternativa radicalmente separada de discípulos dedicados lejos de la corrupción del mundo hostil. Sus caminos pecaminosos serían rechazados, junto con cualquiera que se aferrara a ellos. Así, por ejemplo, Jacob Hutter estableció una serie de acuerdos comunistas en las afueras de Moravia. En 1527 Michael Sattler se reunió con otros Anabautistas en Schleitheim, al norte de Zurich, y allí redactó lo que llegó a ser una confesión de fe Anabautista, la Confesión de Schleitheim. Sus siete artículos personifican el separatismo, ya que afirma el bautismo de los creyentes; la necesidad de evitar al pecador; que la Cena del Señor es solo para creyentes adultos bautizados; la separación de los creyentes y los no creyentes; la importancia de los «pastores» en la iglesia y el derecho de la gente a elegirlos; pacifismo completo; un rechazo al juramento.

Sin embargo, si algún anabautista fuera lo suficientemente ingenuo como para imaginar que su separatismo podría ayudarlo a ser convenientemente olvidado o dejado en paz por el mundo, estaría muy decepcionado. Para las autoridades políticas, este separatismo era casi tan alarmante como la revuelta. No solo ofendía al sugerir que nadie más era realmente cristiano, sino que negarse a prestar juramento de lealtad al estado y no estar preparado para luchar por su país parecía claramente como una traición. Hutter y Sattler experimentaron lo que sería para tantos que los siguieron: ambos fueron horriblemente torturados, y luego Hutter fue quemado vivo y Sattler destrozado con tenazas al rojo vivo.

La otra cosa sorprendente de la Confesión de Schleitheim, aparte de su separatismo, fue cuán teológicamente ligera era. Sus siete artículos están realmente relacionados con preguntas prácticas, no con quién es Dios ni cómo podemos ser salvos. Y parece que esto fue no solo porque estaban tratando de abordar los temas candentes del momento; en realidad rechazan algo importante en la mentalidad anabautista. El anabautismo, en general, tendía a estar más interesado en la vida cristiana que en la teología. Para los reformadores[2] magisteriales como Lutero, la teología era lo primero, informando cómo vivimos entonces; para los anabautistas, la santidad era lo primero, y luego se hizo la teología para estimular la obediencia cristiana. Lutero creía que este era un paso atrás desastroso, porque al no estudiar

Menno Simons

Quizás el líder anabautista más grande y defensor de estas posiciones teológicas fue el holandés Menno Simons. Nacido trece años después de Lutero, como él, había comenzado como sacerdote Católico Romano. Sin embargo, las dudas comenzaron a surgir y, junto con su hermano Pedro, comenzó a sentirse atraído por la causa anabautista. En 1535, Pedro fue absorbido por el asunto Münster y asesinado. Menno quedó consternado y escribió su primera obra, *La blasfemia de Jan van Leyden*. Fue un llamado a la movilización del anabautismo pacífico, y Menno se convertiría en su líder. Bajo su dirección, el anabautismo se alejó de revoluciones sangrientas y revelaciones privadas. Los menonitas debían ser pacíficos y bíblicos. Así, Menno selló la victoria del radicalismo bíblico no agresivo del mártir anabautista de Zúrich, Félix Mantz. Müntzer y Münster serían ruinas del pasado; Menno le dio al Anabautismo un futuro.

suficientemente el evangelio de la gracia, los anabautistas estaban retrocediendo hacia una religión de obras. Como resultado, los llamó los «nuevos monjes», porque creía que, como los viejos monjes, se habían separado del mundo solo para mirar sus propios ombligos espirituales.

Sin embargo, su teología no solo era insustancial. El separatismo y la primacía dada a la vida cristiana se combinaron para crear teologías que a menudo contradecían abiertamente los pensamientos esenciales del protestantismo. Por ejemplo, la mayoría de los radicales pensaba que el descubrimiento de Lutero de la justificación solo por la fe, representaba un grave peligro para la verdadera santidad cristiana, por lo que fue rechazado. Lo mismo sucedió con su creencia de que todos nacemos esclavizados al pecado. Si eso fuera cierto, se preguntaban, ¿por qué intentar ser santos? ¿Es mejor decir que nos volvemos pecadores solo cuando, personalmente, pecamos? Y así, en lugar de que nuestro destino esté determinado por nuestra unión con Adán o Cristo, como creía Lutero, la salvación se convirtió más en una cuestión de esfuerzo personal. Se trataba más de imitar a Cristo que de ser salvado por él. Pero luego, incluso reelaboraron radicalmente quién era Cristo. Aquellos que buscaban a toda costa no ser manchados por el mundo no podían soportar la idea de que Cristo alguna vez hubiera sido manchado por él. Entonces, argumentaron, su cuerpo no puede haber sido de este mundo; su carne no vino de María, sino del cielo. Siendo ese el caso, Cristo nunca compartió nuestra humanidad: vino, no para redimir a la humanidad, sino para mostrarnos un camino completamente diferente.

¿En qué confiar: en la Biblia, el Espíritu o en la razón?

Aunque históricamente todos los radicales fueron llamados anabautistas, los historiadores de hoy tienden a dividir la Reforma Radical en tres campos: los Anabautistas, los Espiritualistas y los Racionalistas.

Los dos primeros ya los hemos abordado. Los anabautistas tendían a ver la Biblia como su autoridad suprema, aunque diferían de los Reformadores Magisteriales en lo que veían allí. Los espiritualistas eran hombres como Thomas Müntzer, que siguieron la «palabra interior» de Dios hablada directamente a su corazón. Desdeñaron cosas externas como la Biblia y los sacramentos. Sebastian Franck, por ejemplo, en *El Libro con Siete Sellos* (1539), enumeró lo que vio como todas las contradicciones en la Biblia para convertir a los lectores de la palabra escrita, muerta e inútil, a la palabra viva interior del Espíritu. Quizás su líder más influyente fue Caspar Schwenckfeld, quien reunió un seguimiento de tal lealtad que todavía hay Schwenckfelders hoy. La forma en que solían reunirse era típicamente espiritualista: sin ministerio, sin sacramentos y sin adoración formal, se contentaban con la oración y la exhortación mutua en hogares privados.

Todavía no hemos conocido al tercer grupo, los racionalistas. Este grupo vio que la Reforma había probado que la iglesia se había equivocado en muchas cosas. Pero, al igual que los otros radicales, no sentían que los reformadores dominantes hubieran ido lo suficientemente lejos. Vieron otras creencias tradicionales de la iglesia, como la doctrina de la Trinidad, que debían ser derribadas, tanto como el purgatorio, las indulgencias y la misa.

La figura principal aquí fue un italiano de Siena llamado Fausto Sozzini (1539-1604), o Faustus Socinus como se hizo más conocido. Desarrolló las ideas de su tío Lelio para crear un sistema de pensamiento, el socinianismo, que tanto protestantes como católicos consideraron la amenaza ideológica más grave del siglo XVII. No es que los socinianos llegaran a ser especialmente numerosos; sus números eran similares a los de Schwenkfelder, y aún más escasos, en Polonia. Pero tocaron un nervio, porque los socinianos cuestionaron no solo lo que sabemos, sino cómo lo sabemos. En su opinión, la razón, no la Biblia, debe ser el juez, y no se debe creer nada que contradiga la «razón sólida» o que contenga una contradicción en sí misma.

A la Trinidad se le mostró rápidamente la puerta (tres no pueden ser uno) y, en completo contraste con la creencia anabautista de que Jesús no era realmente humano, ellos argumentaron que él no era realmente Dios. Deshacerse de la Trinidad siempre había sido más popular en los límites de Europa, donde había más interacción con judíos y musulmanes. La vida allí podría ser mucho más fácil sin la ofensa de la Trinidad.

Por supuesto, deshacerse del Dios Trino del cristianismo significaba deshacerse del cristianismo y encontrar un nuevo Dios y una nueva religión, que es precisamente lo que hizo el socinianismo. En esta religión, Jesús era solo un maestro, no un salvador. La cruz ya no se trataba de lidiar con el pecado y alcanzar el perdón. Fue un martirio simple, aunque conmovedor. De hecho, el perdón de los pecados apenas fue un problema, porque se negó la realidad del juicio divino. En otras palabras, el socinianismo sembró la semilla de la religiosidad racional, moral y moderna.

Claramente, había muchos modelos diferentes de reforma, ¡algunos distaban mucho del de Lutero! Lo que marcó la diferencia no fue ni el celo, ni la estrategia, ni el trabajo duro, sino la teología.

Notas

1 Los anabautistas no deben confundirse con los bautistas. A pesar de las similitudes y acuerdos, los bautistas no son descendientes directos de los anabautistas, sino que tienen una historia diferente, comenzando un siglo después en Inglaterra.

2 A los reformadores dominantes se les suele llamar reformadores «magisteriales» debido a su cooperación con los magistrados seculares.

4 Después de la oscuridad, luz: Juan Calvino

Juan Calvino difícilmente podría haber sido más diferente de Lutero y Zwinglio. Ciertamente no era del tipo soldado musculoso de Zwinglio. Un «erudito tímido», se llamaba a sí mismo. Tampoco había disfrutado de una de esas comidas estridentes con los Lutero. Delgado como un rastrillo, Calvino era conocido como un «gran ayunador» que pasaba horas con hambre constantemente. En el mejor de los casos, solo consumía una pequeña comida al día para aclarar su mente y proteger un cuerpo fuertemente asediado por la mala salud. Mientras que Lutero se reía a carcajadas y tomaba su cerveza, Calvino prefería sentarse en silencio con sus libros. Mientras Lutero era descarado y terrenal, Calvino era sereno y (por lo general) educado. Ambos tenían ojos que la gente notaba, pero donde se decía que los de Lutero brillaban, los de Calvino ardían. Ambos tenían temperamentos que podían ser temibles cuando se provocaban, pero donde Lutero era caliente, Calvino era frío. Ambos escribieron grandes cantidades, pero donde Lutero disparaba libros como un semiautomática en una pelea callejera, Calvino pasaba años puliendo y repuliendo su pièce de resistance.

Calvino nunca pudo haber sido un cristiano famoso: un intelectual tímido ante las cámaras, siempre evitaba el protagonismo.

Sus retratos muestran un rostro delgado, su cabeza a menudo cubierta con un simple gorro negro, y ojos sorprendentemente intensos. En eso, eran bastante reveladores, ya que, aunque lastimosamente débil de cuerpo y naturalmente retraído por temperamento, era muy fuerte tanto en mente como en voluntad. Nació como cordero, pero se convirtió en león por el Señor que le salvó.

Renacimiento

10 de julio de 1509: Lutero y Zwinglio acababan de convertirse en sacerdotes, uno aterrorizado, el otro ansioso por la batalla, y Jean Cauvin nació en la ciudad comercial agrícola de Noyon, a unos 96 kilómetros al norte de París. Cauvin era francés y siempre vería a Francia como su tierra natal y a Noyon como su hogar en la tierra. Pero fue como «Calvino» (el nombre sonaba mucho mejor en latín) que lideraría la próxima generación de la Reforma.

Calvino nació justo a tiempo para conocer el mundo antes de que hubiese una Reforma. Al crecer inmerso en la vida y los negocios de la iglesia local, más tarde recordó haber besado parte de uno de los cuerpos de Santa Ana (habían muchos, esparcidos por Europa). Sin embargo, su comienzo en la vida fue exactamente lo opuesto al de Lutero: su padre en realidad lo pretendía para el sacerdocio. Así, cuando tenía unos 12 años, fue enviado a París para estudiar teología. Durante siglos, París había sido la nave nodriza de los estudios teológicos en Europa, pero la universidad de Calvino pronto tendría un reclamo más sorprendente: en unos pocos años produjo como egresado a Erasmo, al líder de la reforma moral de la iglesia, a Calvino, e Ignacio de Loyola, el general de la Contrarreforma católica. Sin embargo, después de unos 5 años, el padre de Calvino abandonó el sueño del sacerdocio para el joven Jean, lo retiró de París y lo envió a Orleans a estudiar derecho. Mientras que Lutero había enfurecido a su padre al abandonar una carrera en derecho para convertirse en sacerdote, el padre de Calvino parece haber tenido una pelea con la iglesia y, en cualquier caso, estaba llegando a la opinión de Lutero padre de que había mejores prospectos en la ley.

En Orleans, el joven Calvino se sumergió en el embriagador mundo del humanismo renacentista y le encantó. Allí encontró una comunidad de eruditos dedicados a la recuperación de las bellezas clásicas de Grecia y Roma. A través de su aprendizaje, iban a provocar el renacimiento de esa edad de oro. Fue emocionante, pero también cómodo y tranquilo. Implicaba criticar a la iglesia, sin duda, pero con suavidad, desde dentro. El apego a la Virgen María y la creencia en el purgatorio nunca fueron cuestionados. Calvino se lanzó a ello, con la esperanza de que en unos años pudiera demostrar su valía y robar la corona de Erasmo como príncipe del nuevo saber.

Sin embargo, había algunos en el nuevo círculo social de Calvino que conocían más de la gracia de Cristo que Erasmo. Al menos, eso consideraba Lutero. Primero, estaba el primo de Calvino, Pierre Robert, apodado «Olivétan» por su lámpara de estudio de aceite de oliva que nunca parecía apagarse por la noche. Revelando una tendencia familiar al trabajo casi incesante, logró producir una traducción completa de la Biblia al francés cuando tenía 29 años. Luego estaba Melchior Wolmar, quien enseñó griego a Calvino. Esa fue una iniciación a un círculo mucho más inquieto. Para esta época de la década de 1520, el griego era el idioma de la Reforma. La Universidad de la Sorbona en París, defensora de la antigua ortodoxia, había visto claramente los peligros del griego y el hebreo, e intentó procedimientos legales para detener lo que era una puerta abierta a la herejía. Las mentes presuntuosas, armadas con un conocimiento de los lenguajes bíblicos, podrían pensar que podrían entender las Escrituras por sí mismas simplemente leyendo el texto.

Sin embargo, argumentaban los profesores de la Sorbona, el verdadero significado de la Escritura se encuentra en su sentido «místico», que nadie puede conocer «a menos que esté educado en la facultad de teología».

Quizás Wolmar transmitió algo más que sus conocimientos de griego; quizás le prestó a Calvino algunas copias de los escritos de Lutero; en cualquier caso, la palabra «renacimiento» comenzó a significar algo más personal para Calvino que el restablecimiento de la época clásica. Como escribió más tarde, en esta época «Dios, mediante una conversión repentina, sometió y llevó mi mente a un marco de enseñanza». No sabemos más que eso. Era característico de Calvino, a quien nunca le gustó hablar de sí mismo. Pero, a pesar de todo su deseo de continuar con su vida privada de erudito, ahora se había convertido, según él mismo, en un «amante de Jesucristo».

Francia en llamas

Las cosas se veían positivas para la Reforma en Francia. El joven rey, Francisco I, no era un fanático de la hoguera, sino un monarca ilustrado y humano, protector de aquellos que hablaban de reformar y purificar la iglesia. Luego, en 1528, alguien llevó un cuchillo a una prominente estatua milagrosa de la Virgen María en París, decapitando a la Virgen y al niño, aplastándoles la cabeza y pisoteando el dosel. Francisco lloró al escuchar la noticia y encabezó una procesión por las calles para expiar el pecado. Era exactamente el tipo de comportamiento que Lutero había condenado en Wittenberg y, sin embargo, eran los seguidores de Lutero los que sufrirían por la indignación.

Comenzaron a ponerse en marcha medidas contra cualquiera que incluso ocultara a los luteranos. Sumado a esto, el papa pronto hizo un pedido especial a Francisco para que erradicara «la herejía luterana y otras sectas que infestan este reino».

Luego, en este momento más agitado, el nuevo rector de la Universidad de París, Nicholas Cop, abrió el nuevo período con una dirección que era demasiado luterana para su gusto. Con su arresto inminente, huyó del país y se dirigió a Basilea en Suiza, para unirse a personas como Erasmo y otros refugiados como Olivétan. El nombre de Calvino fue rápidamente incluido en la lista negra. Quizás había intervenido en el discurso de Cop. Las autoridades vinieron a buscarlo y, aparentemente, salió de su habitación en el último momento, bajado por la ventana con una cuerda de sábanas. Su habitación fue saqueada, su correspondencia incautada y ahora Calvino estaba huyendo.

Luego, la temperatura subió un poco más. Una noche de octubre de 1534, se colocaron pancartas atacando la misa en ciudades por todo Francia. Uno incluso fue clavado en la puerta del dormitorio del rey en el castillo de Amboise. Nadie sabía quién los había escrito, pero ciertamente no eran moderados. Llamándose a sí mismos «Artículos Verdaderos sobre los Abusos Horribles, Grandes e Importantes de la Misa Papal, Ideados Directamente contra la Cena del Señor de Jesucristo», criticaron el blasfemo «juego sucio» y la «idolatría» de la misa. Si antes no había quedado claro en la mente del rey, ahora lo haría: «Reforma» era otra palabra para sedición peligrosa. Dirigió otra procesión por París para expiar el sacrilegio, solo que esta vez agregó un nuevo sacrificio para apaciguar a la Deidad ofendida: a lo largo de la ruta de la procesión, se encendieron piras para quemar a treinta y seis delincuentes que se cree que tenían que ver con los carteles.

Todo eso hizo que la vida de Calvino fuera mucho más tensa, tratando de esconderse. Aunque estaba de acuerdo con la teología de los carteles, Calvino estaba afligido por el estilo exaltado de los carteles y la estatua-cuchillos. Quizás movido por esto, escribió su primera obra de teología, no contra Roma, sino contra los Anabautistas. Da una señal temprana de lo que nunca dejaría de pensar: odiaba a los que, pervirtiendo la Reforma o por su comportamiento desenfrenado, le dieron a la Reforma un mal nombre.

Al poco tiempo, Calvino sintió que la situación en Francia se había vuelto intolerable. Se había convertido en un Egipto, una tierra de cautiverio que tuvo que dejar para adorar al Señor. Y así, cruzando la frontera, Calvino se convirtió en un exiliado. Claramente fue una decisión difícil, y nunca dejaría de mirar atrás con nostalgia a su hermosa madre patria, esperando que, algún día, ella pudiera ser liberada. Para eso trabajaría: desde el exilio llamaría a sus franceses a la resistencia.

«De una vez por todas»

El argumento que los carteles usaban contra el sacrificio diario de la misa era Hebreos 7:27, «que no tiene necesidad cada día, como aquellos sumos sacerdotes, de ofrecer primero sacrificios por sus propios pecados, y luego por los del pueblo; porque esto lo hizo una vez para siempre, ofreciéndose a sí mismo». Sí, en Alemania, Romanos 1:17 fue la chispa que encendió a la Reforma, en Francia, fue esta. Si el sacrificio de Cristo por el pecado en la cruz fue una obra completa y, por lo tanto, no necesita ni puede repetirse, entonces todos nuestros intentos de expiar el pecado deben ser tanto innecesarios como insultantes para Cristo, ya que sugieren que su obra no es suficiente. Si el sacrificio de Cristo fue ciertamente «una vez por todas», entonces no puede haber necesidad de que otros sacerdotes o sumos sacerdotes ofrezcan más. Con eso, la misa, los sacerdotes que lo ofrecían y todos los demás actos de expiación por el pecado demostraron ser inútiles. El único recurso era la simple confianza en Cristo y su obra completa.

«Ellos anduvieron... perseguidos y maltratados»

Calvino fue primero a Basilea para unirse con Cop y Olivetan.

Allí, con solo 26 años y habiendo tenido su «conversión repentina» solo un par de años atrás, completó la primera edición de la obra de su vida, los *Institutos de la Religión Cristiana*. Se lo dedicó a Francisco I, quien, después de todo, era conocido por ser un hombre reflexivo, verdaderamente interesado en la reforma de la iglesia. Le explicó cuidadosamente a Francisco que los luteranos perseguidos no eran, de hecho, herejes peligrosos, sino que simplemente estaban siguiendo la verdadera religión cristiana que el rey había jurado defender. Sin embargo, el trabajo era más que proteger a los evangélicos de la persecución. Su propósito, en cambio, escribió, «era únicamente transmitir ciertos rudimentos mediante los cuales aquellos que son tocados con algún celo por la religión pudieran ser moldeados hacia la piedad verdadera». Fue diseñado como una simple introducción a la fe evangélica («Institutos» significa «instrucción básica»). Publicado como un pequeño libro que se podía esconder en el bolsillo de un abrigo, fue diseñado para la diseminación encubierta del evangelio. Así era como Calvino esperaba llevar la Reforma a Francia.

Los negocios lo llamaron para escabullirse brevemente a París, desde donde esperaba ir y establecerse en Estrasburgo, hogar de muchas de las grandes mentes de la Reforma. Sin embargo, el rey Francisco parecía estar constantemente en guerra con Carlos, el emperador del Sacro Imperio Romano, y la carretera París-Estrasburgo era en ese momento justo donde sus ejércitos optaban por mirarse unos a otros. Calvino necesitaba rodearlos hacia el sur, lo que significaba pasar por Ginebra. No hay problema: una parada durante la noche junto al hermoso lago, rodeado por los Alpes, sería un hermoso descanso en el viaje.

Ginebra era una ciudad justo en las fronteras de Francia y del Sacro Imperio Romano, y allí había encontrado el espacio para volverse, a todos los efectos, casi completamente independiente. Y, en los últimos años, todo había sido un cambio en Ginebra. Los ginebrinos habían expulsado a su último obispo (un hombre que creía que era «la obligación soberana de un prelado poner una mesa completa y delicada, con buenos vinos»); habían cesado la misa y les habían dicho a los sacerdotes que se convirtieran o se fueran de la ciudad (la mayoría eligió lo primero). Con eso, Ginebra se alió oficialmente a la Reforma. El lema de la ciudad había sido *Post tenebras spero lucem* («Después de la oscuridad, espero la luz»), pero en conmemoración del evento, las monedas se acuñaron con un nuevo lema: *Post tenebras lux* («Después de la oscuridad, luz»); por ahora, declararon, habían encontrado lo que alguna vez habían esperado. Los cambios en la ciudad fueron, por supuesto, acompañados de la confusión habitual,

Guillaume Farel

la resistencia, el aplastamiento de imágenes y el lanzamiento del pan consagrado a los perros, y así, cuando llegó Calvino, Ginebra estaba en un estado de considerable disturbio. Les vendría bien un poco de ayuda para iniciarse en la Reforma. Calvino no tenía intención de quedarse para ayudar; sin embargo, el fogoso Guillaume Farel, el instigador de la Reforma en Ginebra, se enteró de que el autor de los Institutos estaba en la ciudad y que nadie podía detenerlo. El solo hecho de ver a Farel en la puerta era probablemente lo suficientemente aterrador para el joven académico, 21 años menor que él. Calvino se las arregló para comentar algo sobre irse a Estrasburgo para continuar sus estudios, a lo que Farel

procedió a proferir una imprecación de que Dios maldeciría mi retiro, y la tranquilidad de los estudios que buscaba, si me retiraba y me negaba a prestar ayuda, cuando la necesidad era tan urgente. Por esta imprecación me sentí tan aterrorizado que desistí del viaje que había emprendido.

Y así, ese verano de 1536, Calvino se instaló en Ginebra para ayudar a Farel con la obra de Reforma allí. ¡Pobre Calvino! Sin embargo, Farel había elegido sabiamente a su hombre. Redactaron una nueva confesión de fe y a todos los que desearan permanecer en la ciudad se le ordenó que la aceptaran. Rápidamente también hicieron otras propuestas. Calvino quería una comunión mucho más frecuente: en lugar de una vez por trimestre, una vez al mes. Eso podría haber estado bien; el problema era que Calvino quería que a los infractores notorios se les negara el acceso a la comunión, y eso implicaría la humillación pública en una comunidad como la de Ginebra. Peor aún, significaba la humillación a manos de un inmigrante francés. Era demasiado para soportarlo, y el ayuntamiento eventualmente decretó que a nadie se le podía negar la Cena del Señor.

La ciudad había deseado la Reforma, pero no tanto, y cuanto más empezaban a hacerlo los reformadores, más tensa era su relación con el ayuntamiento. Uno de los predicadores se atrevió a enumerar algunos de los pecados de la ciudad, refiriéndose a algunos de los magistrados de Ginebra como «borrachos». Tal comportamiento es, obviamente, una auténtica locura para cualquiera que quiera ser popular: fue rápidamente encarcelado. Luego se ordenó a Calvino y Farel que usaran el antiguo pan de obleas que no dejaba migajas sacrílegas en la comunión. Se negaron y por lo tanto se les prohibió predicar. ¡Como si Calvino y Farel pararían de predicar! Naturalmente, ambos violaron la prohibición, por lo cual les dieron tres días para salir de la ciudad. Y así, en 1538, menos de dos años después de su llegada, Calvino se encontró nuevamente exiliado.

Hallando esperanza (y a la Sra. C)

Por un lado, Calvino estaba perturbado: sentía que había fracasado como reformador y que sus acciones aún podrían empujar a la iglesia de Ginebra de regreso a Roma. Por otro lado, estaba secretamente contento: ahora podía ir a Estrasburgo, como había planeado originalmente, y establecerse tranquilamente allí con sus libros. Serían mucho menos molestos que esos ginebrinos.

MIHI PATRIA   COELVM·

¡Pobre Calvino! Venía desde Farel (quien siguió su propio camino a Neuchâtel) directamente a los brazos de Martin Bucer, el principal reformador de Estrasburgo. Según Lutero, Bucer no solo era un «charlatán», sino también un cobarde. Calvino coincidiría gentilmente en que Bucer podría, de hecho, ir más allá, pero cuando llegó a Estrasburgo, no fue un debilucho lo que conoció. Cuando le dijo a Bucer que solo estaba buscando una biblioteca agradable y silenciosa, Bucer le hizo una «Farelada», lo llamó Jonás por huir de su vocación e insistió en que se convirtiera en el pastor de la iglesia francesa de refugiados de Estrasburgo.

Sin embargo, resultó que Calvino pasó los años más felices de su vida en Estrasburgo. En marcado contraste con Ginebra, descubrió que sus compatriotas en el exilio lo recibieron calurosamente. Y luego estaba la feliz comunión: algunos de los cerebros principales de la Reforma estaban allí para conversar, y él disfrutaba compartir su casa con jóvenes evangélicos de ideas afines. Allí aprendió cómo podría lucir una iglesia reformada; allí experimentó la enseñanza en el colegio reformado que se había iniciado; allí llegó a escribir su primer comentario (sobre Romanos, naturalmente, dado «el punto principal de toda la epístola, que es que somos justificados por la fe»). La única nube negra en este período soleado llegó cuando un teólogo entró en la ciudad, quien una vez había acusado (injustamente) a Calvino de no creer en la Trinidad. Revivió la vieja acusación y Bucers convocó a Calvino para que respondiera por sí mismo. Calvino se puso blanco de rabia. Se absolvió rápidamente, pero la acusación era tan grave que lo perseguiría por el resto de su vida. Realmente no se puede hablar de la vida romántica de Calvino. No era un amante galo.

En cuanto al matrimonio, no soy de esos locos enamorados que, cautivados por un rostro bonito, besan hasta sus vicios. La única belleza que me interesa es que sea modesta, servicial, no altiva, no extravagante, paciente y preocupada por mi salud.

Sin embargo, estaba ansioso por expresar su aprobación protestante del matrimonio, y 1540 en Estrasburgo se convirtió en un torbellino de emparejamientos

«Ven a casa, a Roma»
Cuando Calvino y Farel fueron expulsados de Ginebra, muchos en Roma pensaron, como Calvino, que la ciudad se retractaría de la Reforma. El cardenal Sadoleto fue uno de ellos.

Hombre encantador, moderado y culto, sintió que con un pequeño empujón en la dirección correcta, la pródiga Ginebra regresaría. Y así, con Calvino fuera del camino a salvo en Estrasburgo, le escribió a la ciudad de Ginebra lo que era, efectivamente, una carta de amor, cortejándola. Proporciona una visión esclarecedora de cómo Roma entendió la Reforma.

Su carta comienza con un cordial abrazo verbal: «Muy queridos hermanos en Cristo, paz a ustedes y con nosotros, es decir, con la Iglesia Católica, la madre de todos, tanto nosotros como ustedes, amor y concordia de Dios»; y el resto de la carta es toda miel y efusividad para los ginebrinos. Los reformadores, por supuesto, son esos «hombres astutos, enemigos de la unidad cristiana y la paz» que habían tratado de desviar a los buenos ginebrinos. ¿Cómo? Al enseñar un medio falso de salvación eterna, algo que insta a los ginebrinos a pensar seriamente.

¿Cuál es la verdad, según Sadoleto? Roma, dice, admite que «podemos ser salvos solo por la fe», ¡algo muy sorprendente de escuchar de un cardenal! Luego aclara:

«En esta misma fe, el amor se comprende esencialmente como la causa mayor y principal de nuestra salvación». De modo que, para Sadoleto, la salvación por fe sola realmente significa salvación por nuestro propio amor.

Pero entonces, ¿por qué confiar en Roma y no en los reformadores? Para Sadoleto, la elección es simple: seguir «lo que la Iglesia católica en todo el mundo, ahora durante más de mil quinientos años... aprueba con consentimiento general; o las innovaciones introducidas en estos veinticinco años».

En caso de que los ginebrinos aún no hayan sido conquistados, entonces él se figura dramáticamente a un evangélico y un católico «ante el terrible tribunal del Soberano Juez'. ¿Qué diría cada uno ese día y quiénes serían absueltos? El católico logra hablar con el juez primero, y su defensa es: «[Soy] obediente a la Iglesia Católica, y reverencio y observo sus leyes, amonestaciones, y decretos». Entonces el evangélico da un paso adelante con denuedo y anuncia su defensa, que los evangélicos se han sacudido «el yugo tiránico de la Iglesia». ¿Con qué fin? Para que «confiando en esto nuestra fe en ti, [nosotros] podamos hacer a partir de entonces, con mayor libertad, todo lo que enumeramos». (Este «evangélico» en particular claramente había tomado «la justificación por la fe sola» en el sentido de que debía confiar en su propio acto de fe, en lugar de en Cristo; dejar a Cristo fuera de esto claramente le ayudó a sentirse libre de vivir una vida de autocomplacencia.)

Como era de esperar, el católico gana y es llevado a una felicidad eterna, mientras que el evangélico se lanza a la oscuridad. La razón es que el católico ha confiado en la iglesia, la cual «no puede errar», mientras que el evangélico ha estado «confiando en su propia cabeza». Una vez más, está claro en la mente de Sadoleto, que si alguien no confía en la iglesia para su salvación, debe estar confiando en sí mismo.

Y entonces pregunta al evangélico: «¿A qué mira él como el refugio de sus fortunas? ¿En qué baluarte confía? ¿A quién confía como abogado suyo ante Dios? «Nunca parece haber pasado por su mente que la respuesta podría ser Cristo.

Y con un último disparo de despedida a los reformadores, que no podían estar diciendo la verdad de Cristo ya que habían dividido la iglesia, Sadoleto bendice a sus «hermanos más queridos» y se despide.

Con una asombroso descaro, considerando cómo lo habían tratado, los ginebrinos le pidieron a Calvino que les escribiera una respuesta. Estuvo de acuerdo y en seis días produjo un modelo apologético de la Reforma.

La respuesta de Calvino comienza con una muestra genuina de respeto por Sadoleto como un hombre de conocimiento; sin embargo, en unas pocas líneas, salen las garras y Calvino habla de la devastación total del argumento del cardenal. Primero ataca el tono sedoso de

Sadoleto: «es algo sospechoso», escribe, «que un extraño, que nunca antes había tenido relaciones con los ginebrinos, ahora de repente les profese un afecto tan grande, aunque no existía ningún signo previo de ello.

Luego, pasamos al contenido. Calvino deja bastante claro que los reformadores no tratan de dividir la iglesia, sino de reformarla. Y esta reforma no es su propia innovación; en cambio, argumenta, «no solo que nuestro acuerdo con la antigüedad es mucho más cercano que el suyo, sino que todo lo que hemos intentado ha sido renovar esa antigua forma de la Iglesia». (Los reformadores siempre fueron enfáticos en ese punto.) En cuanto a la defensa del buen católico en el juicio final: «la seguridad de ese hombre pende de un hilo cuya defensa gira totalmente en esto: que se ha adherido constantemente a la religión heredada de sus antepasados. A este paso, judíos, turcos y sarracenos escaparían del juicio de Dios».

Sin embargo, la mayor parte de la respuesta de Calvino está dedicada a «la justificación por la fe, que es el primer y más agudo tema de controversia entre nosotros». La forma en que Calvino argumenta aquí es muy reveladora: «Donde quiera que se quita el conocimiento de esto, la gloria de Cristo se extingue». En la mentalidad de la Reforma, la salvación es un don de la gracia de Dios solamente (sola gratia), que no se encuentra en ningún papa o misa, sino solo en Cristo (solus Christus), y se recibe por simple fe (sola fide). Y podemos saber esto con certeza solo a través de las Escrituras (sola Scriptura). Solo si todas estas cosas son verdaderas, el pecador no contribuyendo en nada para su propia salvación, puede entonces toda la gloria ser dada a Dios. El pensamiento reformado, por lo tanto, tenía esto como su luz guía para toda la teología: ¿la teología lleva a uno a decir «solo a Dios sea la gloria» (soli Deo gloria), o el hombre se queda con algo de la gloria? El problema de Sadoleto, dijo Calvino, era exactamente esto: «si la sangre de Cristo sola se presenta uniformemente como adquisitiva de satisfacción, reconciliación y ablución, ¿cómo te atreves a presumir de transferir un honor tan grande a tus obras?» El concepto mal concebido de Sadoleto de una salvación que era fruto tanto de la gracia de Dios como del amor del hombre era en realidad una denigración blasfema de la cruz y de la gloria de Cristo.

En cuanto a la acusación de que tal misericordia gratuita dejaría a los cristianos sin el cuidado de vivir una vida santa, Calvino muestra hábilmente que esta también se olvida de Cristo: «Por tanto, dondequiera que esté esa justicia de fe, que nosotros sostenemos que es gratuita, también está el Espíritu de santidad, que regenera el alma a la vida nueva».

cuando sus amigos trataron de ayudarlo a encontrar una chica así. Fue difícil: la primera candidata no hablaba francés, otra no estaba interesada, otra llegó tan lejos como al compromiso antes de que tuviera que romperse. ¡Y todo esto para Junio! Dos meses después estaba casado con Idelette de Bure, una viuda a la que había convertido del Anabautismo (una conversión esencial para la felicidad doméstica en el hogar de Calvino). Trajo consigo a dos hijos de su ex marido (también Jean).

El matrimonio no estaba destinado a la felicidad: «por temor a que nuestro matrimonio fuera demasiado feliz, el Señor desde el principio moderó nuestro gozo» enviándoles una enfermedad. Dos años más tarde, Idelette le dio un hijo a Calvino, Jacques. Sin embargo, nació prematuramente y solo sobrevivió dos semanas. Calvino le escribió a un amigo, «El Señor ciertamente ha infligido una herida severa y amarga en la muerte de nuestro hijo. Pero él mismo es padre y sabe mejor lo que es bueno para sus hijos». La propia Idelette luchó por recuperar su salud, y pasó los últimos años de su matrimonio muriendo lentamente.

Cuando por fin murió en 1549, dejando a Calvino a cargo de sus dos hijos, el dolor fue transparente: «Lucho lo mejor que puedo para superar mi dolor... He perdido a la mejor compañera de mi vida». No había sido un romántico natural, pero eso nunca impidió que Calvino sintiera y amara profundamente.

De vuelta al combate

Mientras Calvino estaba felizmente exiliado en Estrasburgo, Ginebra era un desastre. El autor de los carteles franceses que atacaban la misa había ido y venido como pastor, había confusión doctrinal y violencia política. Eventualmente la política cambió lo suficiente como para que Ginebra quisiera de vuelta a Calvino, y así, tres años después de expulsarlo fríamente, le enviaron una cálida invitación a regresar. Se habría reído de ello si pudiera; la idea de regresar era demasiado horrible para pensarlo.

Cuando Farel le instó a aceptar (quien estaba, él mismo, demasiado ocupado para regresar), respondió que preferiría «cien muertes a esta cruz».

Sin embargo, con Bucer y Farel insistiendole, finalmente fue persuadido. ¡Pobre Calvino! En 1541, regresó a Ginebra con Idelette y sus hijos y subió por la empinada y pequeña Rue des Chanoines, donde la ciudad le había proporcionado una pequeña casa amueblada. Con un pequeño jardín trasero y una vista impresionante de los Alpes, era el edulcorante de la ciudad; sin embargo, Calvino nunca volvería a confiar en los ginebrinos. Vivió siempre con una maleta preparada, por así decirlo, para ser expulsado una vez más.

El aire estaba cargado de anticipación cuando volvió a subir a su antiguo púlpito. La congregación se preparó para el torrente de anatemas que seguramente deben provenir de un deportado amargado que ahora tiene una voz pública. En cambio, Calvino simplemente retomó la exposición del versículo al que había llegado la última vez que estuvo allí, tres años y medio antes. El mensaje era tan claro como podía ser: Calvino había regresado sin una agenda personal, sino que había venido como un predicador de la palabra de Dios.

Sin embargo, si la palabra de Dios realmente iba a ser el cetro con el que Dios gobernara su iglesia en Ginebra, se tendría que hacer algo para asegurarlo. El problema era que el ayuntamiento se había apoderado efectivamente del poder del papa y ejercía, de una manera muy «práctica», un control

Una carta de Calvino al rey
Eduardo VI de Inglaterra

sobre todo lo que sucedía en la iglesia. Calvino sabía que tenía que atacar mientras aún era bienvenido. Y así, el mismo día de su regreso, presentó al ayuntamiento una lista de propuestas para la reforma integral de la iglesia en Ginebra. La mayoría fueron aceptadas.

Las propuestas dejaron muy claro que la Reforma no se trataba simplemente de romper con Roma; significaba dedicación a la reforma en curso por la Palabra. La iglesia reformada debe estar siempre reformandose. Calvino propuso, entre otras cosas, que cada hogar debía recibir una visita pastoral todos los años; que todos debían aprender el catecismo que explica la fe evangélica; que solo aquellos que lo hicieran deberían poder p____ ___ de la Mesa del Señor. Y, para asegurarse de que nunca se ____ de Ginebra en el mismo contexto que la comun__ ___ Münster de Jan van Leiden, propuso que se ___abl___ ___ disciplinario para garantizar una soci____

El comité no tenía poder real ___ vez establecido, en su mayor par__ ___ das verbales en las muñecas a ___ o clases de catecismo. Sin em___ En un divertido contraste c___ prohibir a los ciudadanos frecuentar las tabernas, proporcionándoles en su lugar «abadías», donde serían puestos bajo supervisión con una Biblia francesa. Como era de esperar, el plan no fue un gran éxito. Y, cuando se elaboró una lista, pronunciando qué nombres cristianos eran aceptables (como «Jacques» y «Jean»), y cuales eran inaceptables (como «Claude» y «Monet»), algunos comenzaron a sentir que se estaba exigiendo demasiado. Sencillamente, a muchos ginebrinos no les gustaba que les dijeran que vivieran la vida santa de los comprometidos cuando ellos mismos no estaban comprometidos. «Oh, no queremos este Evangelio aquí, vayan a buscar otro», Calvino acusó una vez a los ginebrinos de decir. Casi se puede escuchar el quejido en su voz.

Fue todo esto lo que le valió a Calvino su reputación como el ayatolá protestante. Pero eso siempre fue injusto. El hombre no puede ser juzgado por la ciudad. Él era, como él dijo, un «erudito tímido» sin deseo de poder despótico y sin posibilidad de tenerlo nunca. Siendo un francés refugiado, no ciudadano de Ginebra, no tenía derecho a votar ni a ocupar ningún cargo secular, y vivía en la ciudad solo por la gracia diaria del concilio, que podía, por capricho y en cualquier momento, volver a expulsarlo.

Sin embargo, el mero hecho de que fuera un inmigrante ayudó a alimentar el resentimiento contra Calvino como la figura decorativa de toda reforma. La situación no fue ayudada por la enorme marea de inmigrantes que estaba llegando a Ginebra, especialmente desde Francia. Cuando Calvino regresó a la ciudad en 41, Ginebra tenía una población de alrededor de

¡Oh, estoy gozosa de haber dejado ese condenado cautiverio Babilónico y de que voy a ser liberada de mi última prisión! ¡Ay, cómo sería si estuviera ahora en Noyon, donde no me atrevería a abrir la boca para confesar mi fe con franqueza, incluso mientras los sacerdotes y los monjes vomitaban todas sus blasfemias a mi alrededor! Y aquí no solo tengo la libertad de dar gloria a mi Salvador como para presentarme con valentía ante él, sino que soy guiada allí.

La gente estaba dejando atrás por completo su medio de vida para venir y vivir abiertamente como evangélicos y escuchar la enseñanza de las Escrituras.

Sin embargo, si bien los inmigrantes pudieron haber sido felices, su llegada avivó la xenofobia habitual y las tabernas estaban llenas de lo que debería hacerse con ellos. Una idea popular era que deberían «tomar un barco y poner a todos los franceses y desterrados en él para enviarlos por el Ródano» de regreso a Francia. El nombre de Calvino estaba implícito.

Las cosas empezaron a ponerse feas. Un grupo de mujeres fue arrestado haber sido sorprendidas bailando, provocando una violenta reacción contra Calvino en la que se colocaron carteles irrepetiblemente groseros sobre él alrededor de la ciudad, uno incluso en el púlpito de Calvino. Era un presagio de lo peor por venir, ya que a principios de la década de 1550 se produjeron disturbios y una tensión creciente, encabezada por un partido que amaba las fiestas y odiaba a Calvino. Durante sus sermones, la gente empezó a tratar de ahogarlo, algunos tosiendo, otros haciendo ruidos groseros con sus asientos.

Todo parecía que Calvino no iba a sobrevivir mucho más tiempo en Ginebra. En 1553 declaró ilegalmente que no permitiría que una de las principales figuras de esta facción «libertina» anti-Calvino asistiera a la Cena del Señor. Esperando plenamente que el próximo domingo fuera el último, predicó con un nudo en la garganta y, sin embargo, se negó a ceder. De pie frente a la mesa del Señor, anunció: «Moriré antes de que esta mano extienda las cosas sagradas del Señor a aquellos que han sido juzgados como despreciadores». Casi inexplicablemente, Calvino no fue expulsado. Pero su vida en la ciudad pendía de un hilo.

Miguel Servet

Fue en esta hora más oscura cuando ocurrió el evento que arrojaría la peor sombra sobre el nombre de Calvino: Miguel Servet fue quemado por herejía en Ginebra. La imagen de Calvino de pie junto a la pira, con una sonrisa sombría en el rostro, sin duda proporciona un buen combustible para la leyenda de «Calvino como inquisidor protestante».

Miguel Servet

Entonces, ¿qué pasó? ¿Se revela al fin el monstruo? Miguel Servet era un radical español de la línea de Fausto Socinus, que anhelaba que la Reforma siguiera adelante y rechazara lo que él veía como otras creencias corruptas, como la Trinidad. Durante siglos, España ha tenido grandes poblaciones judías y musulmanas, y muchos cristianos españoles sentían que la Trinidad era solo un obstáculo, que mantenía a los cristianos fuera de un feliz club de monoteísmo español. Servet se convirtió en la voz de ese movimiento, argumentando que la Trinidad era una creencia posterior agregada al monoteísmo simple y sin lujos de la religión del Antiguo Testamento, donde Dios el Padre era Dios solo. Si todos pudiéramos volver a esa verdad básica y original, entonces judíos y cristianos ya no necesitarían estar divididos.

Tanto los católicos como los protestantes estaban horrorizados por este matrimonio de un dios completamente diferente. Sin embargo, los católicos lo atraparon primero, justo al otro lado de la frontera francesa desde Ginebra, en Vienne. Habiéndolo encontrado culpable de herejía, también lograron quemarlo primero, aunque solo en efigie, ya que para entonces se había escapado por los tejados y cruzaba la frontera con Ginebra.

Calvino era tan odiado allí que parecía una buena opción. Incluso cuando fue arrestado en el acto, se mostraba optimista: desde la prisión le escribió al ayuntamiento, exigiendo el arresto de Calvino y ofreciendo caritativamente tomar la casa y los bienes de Calvino cuando Calvino fuera ejecutado. En 1553, tales solicitudes parecían realistas. Sin embargo, la propia Ginebra fue acusada por toda la Europa católica de ser un puerto para herejes; incluso el ayuntamiento podía ver que si toleraban a Servet, le darían la razón a Roma.

Convocaron a su teólogo, Calvino, para que actuara como su fiscal. Como era de esperar, Servet fue declarado culpable y, de acuerdo con otras ciudades protestantes de Suiza y Alemania, Ginebra pronunció la sentencia de muerte. Esto no fue gran cosa: toda la cristiandad estuvo de acuerdo en que la muerte era la sentencia apropiada para la herejía, y en las décadas anteriores, decenas de hechiceros confesos, propagadores de plagas y adoradores del diablo (que se confesaron a sí mismos mientras les hacían arder los pies) habían sido torturados y quemados en Ginebra. Era el siglo XVI.

También era 1553, y Calvino no estaba en posición alguna para influir en la sentencia. De hecho, pidió una sentencia más indulgente de muerte por decapitación, que fue rechazada. Luego fue a ver a Servet en prisión por última vez para tratar de convencerlo. Fracasó, por lo que Servet fue llevado a la puerta de la ciudad y quemado.

> Mientras las llamas se elevaban, Servet gritó: «¡Oh Jesús, hijo del Dios eterno, ten piedad de mí!» Si hubiera estado dispuesto a clamar, «Oh Jesús, Hijo eterno de Dios», nunca le habrían quemado. Es perturbador lo que eso revela. Las dos confesiones son polos opuestos; pero el hecho de que hoy luchemos por ver eso solo muestra cuánto ha conquistado el espíritu de luz doctrinal de Erasmo.

La marea cambia

En 1555, fue como si las nubes se despejaran repentinamente y el sol volviera a brillar. Los que favorecieron a Calvino ganaron las elecciones al ayuntamiento. Esto provocó una revuelta. Se desenvainaron espadas y el líder del antiguo partido anti-Calvino tomó la batuta de autoridad de la ciudad. No podría haber habido un símbolo más claro de un golpe de estado. Entonces todos recordaron que tales cosas no pasan en las respetables ciudades suizas, y los cabecillas fueron condenados a ser decapitados, clavados en la horca y descuartizados. La mayoría logró huir con la cabeza antes de que pudieran ser atrapados, pero eso lo había cambiado todo. Era una nueva era, el partido anti-Calvino estaba bien y verdaderamente fuera, y esto le daría a Calvino la libertad de hacer cosas que nunca antes se había aventurado.

¿Qué haría Calvino con esta nueva oportunidad? Estableció un programa secreto para la evangelización de su Francia natal. Ya estaba bien establecido como líder en el exilio del protestantismo francés, en contacto regular con muchas de las iglesias clandestinas allí. Pero después de 1555, sus esfuerzos podrían llevarse a un nivel mucho más ambicioso.

Se estableció una red secreta, con casas seguras y escondites arreglados, de modo que los agentes del evangelio pudieran deslizarse a través de la frontera hacia Francia para plantar nuevas iglesias subterráneas (a veces literalmente). Con prensas de impresión secretas instaladas en París y Lyon para proporcionarles recursos, fue un éxito asombroso. La demanda de literatura pronto superó con creces lo que las imprentas podían suministrar, y la impresión se convirtió en la industria dominante en Ginebra en un intento por hacer frente a la necesidad.

La masacre del día de San Bartolomé

Calvino nunca vivió para verlo, pero ocho años después de su muerte, el 24 de agosto de 1572 (día de San Bartolomé), varios aristócratas protestantes importantes fueron asesinados en París. Fue la culminación de una tensión creciente entre las facciones protestante y católica de la nobleza francesa sobre el futuro religioso del país.

Como se había planeado, desató una masacre general en París en la que miles de protestantes fueron asesinados por turbas. La violencia se extendió rápidamente por Francia, y durante las próximas semanas, muchos miles más fueron asesinados y miles más huyeron del reino. Fue el freno más agudo y sangriento a las esperanzas de Calvino para Francia.

Más del 10% de toda la población de Francia se reformó, con unos dos millones o más reunidos en los cientos de iglesias que se plantaron. Al calvinismo le fue especialmente bien entre la nobleza, aproximadamente un tercio de los cuales parece haberse convertido, lo que le dio a la fe reformada una influencia política desproporcionada a su tamaño real. El sueño que por largo tiempo albergo Calvino de una Francia evangélica comenzó a parecer una posibilidad real. Escribió una confesión de fe para la iglesia allí y los apoyó en todo lo que pudo. A pesar del crecimiento del evangelicalismo en Francia, se necesitaba desesperadamente aliento: cuando, por ejemplo, una iglesia fue allanada en París, más de cien fueron arrestados y siete quemados. Y, mientras escribía para fortalecerlos desde una posición de libertad, nunca hablaba como desde una torre de marfil. Sus cartas están salpicadas por todas partes con menciones de la sangre que estaba seguro que pronto tendría que derramar ya que, en Ginebra, sintió la inminente amenaza del martirio: «Es cierto que en este momento hablo desde fuera de la batalla, pero no muy lejos, y no sé por cuánto tiempo, ya que, por lo que uno puede juzgar, nuestro turno está realmente cerca».

No fue solo Francia. Calvino convirtió a Ginebra deliberadamente en un centro internacional para la propagación del evangelio. Aconsejó a los gobernantes protestantes de Escocia a Italia, entrenó a refugiados que llegaron a Ginebra y luego regresaron a sus

Academia de Calvino

países de origen, y envió misioneros a Polonia, Hungría, los Países Bajos, Italia e incluso América del Sur. La verdadera sala de máquinas para todo esto fue el colegio y la academia que Calvino abrió en 1559. Comenzando con una educación general y pasando a un estudio detallado de teología y libros de la Biblia, equipó a los pastores, que luego podrían ser enviados, completamente armados y entrenados, de Ginebra.

Sin embargo, Calvino dedicó más tiempo a la predicación y la enseñanza. Impartiendo conferencias tres veces por semana, predicando dos veces cada domingo y, en semanas alternas, todos los días de la semana también, esto fue para él el corazón de la Reforma, como lo fue tanto para Lutero como para Zwinglio. También se las arregló (mayormente consolidando sus conferencias) para escribir comentarios sobre casi todos los libros de la Biblia, para ayudar a los predicadores de otros lugares. Y estos fueron un tipo de comentario muy diferente a los que Europa había conocido antes: su objetivo era «una brevedad fácil que no implique oscuridad». Como resultado de su «conversión repentina», Calvino estaba convencido de que Dios da vida y vida nueva solo a través de Su palabra, y así proclamar esto se convirtió en la esencia de la obra de la vida de Calvino.

De Calvino al Calvinismo

Calvino nunca tuvo la intención de fundar algo llamado «Calvinismo», y odiaba esa palabra. Pasó su vida luchando por lo que él creía que era la mera ortodoxia de la iglesia post-apostólica temprana, mientras que la palabra «calvinismo» sugería una nueva escuela de pensamiento. Sin embargo, algo llamado «calvinismo» llegó a existir, y su historia llevaría a muchos a malinterpretar al hombre mismo. Como resultado, una de las imágenes más populares de Calvino en la actualidad es la de un hombre obsesionado con la elección de Dios de quién será y quién no será salvo

Jacobo Arminio

La dificultad realmente comenzó con un estudiante holandés, Jacobus Arminius, que se formó para ser pastor en la academia de Ginebra unos veinte años después de la muerte de Calvino.

Al regresar a Amsterdam, comenzó a enseñar algunas cosas bastante diferentes de las que había enseñado Calvino, especialmente con respecto a la predestinación. Su punto de vista era que Dios predestina a las personas para la salvación sobre la base de su conocimiento previo de su fe (en lugar de sobre la base de su propia voluntad divina, como enseñó Calvino). Después de su muerte en 1609, sus seguidores (los «arminianos») armaron la Remonstrance, una petición para que cinco de sus ideas fundamentales fueran aceptadas en la Iglesia Reformada Holandesa.

En 1618–19, un sínodo de teólogos reformados se reunió en Dordt (o Dordrecht) para tratar finalmente la Remonstrance. En respuesta a sus cinco puntos produjeron sus «Cinco Artículos contra los Remonstrants», luego puestos en el acrónimo apropiadamente holandés «TULIP»:

T **Depravación total**. No significa que seamos tan pecadores como podríamos serlo, sino que el pecado nos ha afectado de manera tan completa que no tenemos la capacidad de hacer nada por nuestra propia salvación.

U Elección incondicional. Lo que significa que Dios elige incondicionalmente a algunas personas para la salvación y a otras para la condenación, y no basa esa decisión en nada dentro de esas personas, ya sea bueno o malo.

L Expiación limitada. Lo que significa que, en la cruz, Cristo pagó solo por los pecados de los elegidos, no por los pecados de toda la humanidad.

I Gracia irresistible. Lo que significa que, cuando Dios tiene la intención de salvar a una persona, esa persona es incapaz de resistirse y negarse a nacer de nuevo.

P Perseverancia de los santos. Lo que significa que Dios preserva a los verdaderos Cristianos hasta el final, sin dejar que «se aparten» de la salvación.

Si bien estos «cinco puntos del calvinismo» revelan un creciente interés en la predestinación entre los calvinistas, fueron redactados para proteger lo que los calvinistas creían que eran verdades importantes negadas por los arminianos. Nunca tuvieron la intención de ser un resumen de la creencia calvinista o del propio pensamiento de Calvino.

¿La prueba? En 1559, Calvino publicó su última y más grandiosa edición de sus *Institutos*. Ahora era mucho más que un entremés accesible a la fe evangélica, ya que la primera edición había sido en 1536. Se había convertido en un suntuoso banquete de explicación del Evangelio de cuatro platos, que representaba la riqueza y la amplitud del pensamiento de Calvino. Si algo desmiente la idea de Calvino como un obsesivo con la predestinación, es esto. Después de haber mirado a Dios, al mundo, todo lo que Jesús ha hecho por nosotros, nuestra salvación, oración y una serie de otros temas, es solo en la página 920 de la versión

> estándar de los Institutos que Calvino comienza a
> tratar la elección y, de un enorme total de 1,521 pági-
> nas, ¡solo le da al tema 67 de ellas! Claramente él no
> tenía una visión estrecha sobre la predestinación. Su
> pensamiento fue rico y amplio. Fue un intento de ver
> todas las cosas a través de los anteojos de la palabra
> de Dios.

«Hasta el día de hoy nadie sabe dónde está su tumba»

Si bien 1555 marcó un repunte en la capacidad de Calvino para
impulsar la Reforma, marcó un deterioro en su salud de la que
nunca se recuperaría. Trabajar con la energía feroz que exigía
su extraordinaria producción devastó su frágil constitución. «La
aflicción de mi cuerpo casi ha dejado estupefacta mi mente»,
confesó. Y no es de extrañar: unos meses antes de su muerte,
escribió a sus médicos:

> en ese momento no me atacaban los dolores artríticos, no
> sabía nada de la piedra ni de la grava; no me atormentaban las
> quejas del cólico, ni me afligían hemorroides, ni me ame-
> nazaban con expectorar sangre. En la actualidad todas estas
> molestias me asaltan, por asi decirlo, en tropas. Tan pronto
> como me recuperé de una fiebre cuartánica, me asaltaron
> dolores severos y agudos en las pantorrillas de las piernas,
> que después de ser parcialmente aliviados regresaron por
> segunda y tercera vez. Finalmente degeneraron en una enfer-
> medad en mis articulaciones, que se extendió desde mis pies
> hasta mis rodillas. Una úlcera en las venas hemorroidales me
> causó durante mucho tiempo sufrimientos insoportables, y los
> áscarides intestinales me sometieron a dolorosos cosquilleos,
> aunque ahora estoy aliviado de esta enfermedad vermicular,
> pero inmediatamente después, durante el verano pasado, tuve
> un ataque de nefritis. Como no podía soportar las sacudidas de

los caballos, me llevaron al campo en una litera. A mi regreso deseaba realizar una parte del viaje a pie. Apenas había recorrido un kilómetro y medio cuando me vi obligado a descansar, a consecuencia de la lasitud en los riñones. Y luego, para mi sorpresa, descubrí que descargaba sangre en lugar de orina. Tan pronto como llegué a casa me fui a la cama. La nefritis me produjo un dolor intenso, del cual solo obtuve un alivio parcial mediante la aplicación de remedios. Por fin, no sin las tensiones más dolorosas, expulsé un cálculo que en cierto grado mitigó mis sufrimientos, pero era tal su tamaño que laceraba el canal urinario y seguía una copiosa descarga de sangre. Esta hemorragia solo se pudo detener mediante una inyección de leche a través de una jeringa. Después expulsé a varios otros, y el opresivo entumecimiento de los riñones es síntoma suficiente de que todavía existen algunos restos de cálculo úrico. Sin embargo, es una suerte que aún se sigan emitiendo partículas diminutas o al menos de tamaño moderado. Mi forma de vida sedentaria a la que estoy condenado por la gota en mis pies impide toda esperanza de una cura. Mis hemorroides también me impiden hacer ejercicio a caballo. Agregue a mis otras quejas de que cualquier alimento que ingiera imperfectamente digerido se convierte en flema, que por su densidad se pega como pasta a mi estómago.

El final de su década de dolor llegó en 1564. Presintiendo su muerte inminente, hizo su testamento, confesando: «No tengo otra defensa o refugio para la salvación que su adopción [de Dios] gratuita, de la que solo depende mi salvación». Cada vez más confinado a su lecho, pidió a todos los pastores de Ginebra que lo visitaran por última vez, implorando: «Hermanos, después de mi muerte, perseveren en esta obra y no se desanimen». Finalmente, su cuerpo «tan demacrado que no parecía haber quedado más que el espíritu», murió en la cama el 27 de mayo.

Su protegido, Thèodore de Bèze (o Beza), sintió la gravedad del momento, describiendo cómo «al mismo tiempo que el sol poniente, esta espléndida luminaria fue retirada de nosotros».

Como no deseaba convertirse en una reliquia o un ídolo, Calvino había pedido que lo enterraran en el cementerio común en una tumba sin nombre. Sin glamour, sin lápida; era típico de Calvino.

5 Pasión que quema: La reforma en Bretaña

«Una palabrita lo derribará»

Como en Wittenberg con Lutero, como en Glarus con Zwinglio, fue el Nuevo Testamento de Erasmo el que lo inició todo en Gran Bretaña. Al poco tiempo, un joven sacerdote llamado Thomas Bilney lo leyó y se encontró con las palabras «Cristo Jesús vino al mundo para salvar a los pecadores». Anteriormente había perdido la esperanza por sus pecados, pero con estas palabras, dijo:

Inmediatamente me pareció a mí mismo sentir interiormente un consuelo y una tranquilidad maravillosa de tal manera que mis huesos magullados saltaron de alegría. Después de esto, la Escritura comenzó a serme más agradable que la miel o el panal de miel; donde aprendí que todas mis aflicciones, todo mi ayuno y vigilia, toda la redención de misas y perdones, hecho sin la verdad en Cristo, que es el único que salva a su pueblo de sus pecados; estos, digo, aprendí a ser nada más que (como dice San Agustín) un apresurado y veloz desvío del camino correcto; o muy parecido a la vestimenta hecha de hojas de higuera, con lo cual Adán y Eva anduvieron en la promesa de Dios, que Cristo, la simiente de la mujer, debía pisar la cabeza de la serpiente.

Bilney no era luterano (había llegado a sus puntos de vista de manera bastante independiente), pero hasta que fue quemado por su predicación en 1531, fue fundamental para atraer a varios otros a la Reforma.

Al mismo tiempo, los libros de Lutero comenzaron a llegar al país, donde fueron recibidos por los seguidores de John Wyclie, los Lolardos, que estaban tan vivos y activos como siempre. Por supuesto, tan pronto como Lutero fue condenado por el papa, sus libros fueron quemados en Cambridge, Oxford y Londres; sin embargo, quemar y prohibir libros solo parece aumentar su popularidad. Y así fue: los libros luteranos se introdujeron de contrabando a través de puertos como Ipswich, impulsando la expansión de una red de grupos luteranos clandestinos. En Cambridge, un grupo de profesores era conocido por reunirse en el White Horse Inn, donde toda la charla de Lutero y la cerveza hacían que se pareciera tanto a Wittenberg que pronto fue apodada «Pequeña Alemania».

Mientras tanto, en el oeste rural de Inglaterra (Little Sodbury en Gloucestershire, para ser precisos), un joven y brillante lingüista llamado William Tyndale comenzaba a causar un escándalo en la casa de su empleador, Sir John Walsh. Solo estaba allí para ser el tutor de los hijos de Sir John, pero había pasado tanto tiempo con el Nuevo Testamento de Erasmo que su conversación durante la cena podía hacer que hasta los más fuertes estómagos católicos se abstuvieran de comer. Un erudito estaba tan exasperado con Tyndale que espetó: «Es mejor estar sin la ley de Dios que sin la del papa». Tyndale respondió: «Desafío al papa y a todas sus leyes», y agregó: «y si Dios me perdona la vida, antes de muchos años haré que un muchacho que maneja el arado sepa más de las Escrituras que tú».

No fue un mero alarde. Tyndale se dedicó a la obra de su vida de traducir la Biblia del griego y el hebreo originales al inglés. Navegó hacia Alemania, dirigiéndose a Worms; y allí, donde apenas cinco años antes Lutero había pronunciado su discurso «En esto creo» frente al emperador, Tyndale publicó su Nuevo Testamento completo en inglés. Durante más de cien años, los seguidores de John Wycliffe habían producido y leído traducciones del Nuevo Testamento en inglés, pero solo eran versiones escritas a mano, en lugar de madera, de la Vulgata latina. Eran imposibles de producir en masa y aún contenían todos los problemas teológicos del latín («hacer penitencia» en lugar de «arrepentirse», por ejemplo). El Nuevo Testamento de Tyndale, sin embargo, podría y sería impreso por miles, luego introducido de contrabando en Inglaterra en fardos de tela y pronto acompañado por su *Parábola del malvado Mammon*, un argumento a favor de la justificación solo por la fe. Aún más importante, el Nuevo Testamento de Tyndale fue una joya de traducción. Exacto y bellamente escrito, era adictivo.

Nada de esto impresionó a los obispos ingleses. Para ellos, el trabajo de Tyndale era simplemente peligroso, y todas las copias que se pudieron encontrar fueron quemadas, junto con sus dueños. Y, francamente, los obispos tenían razón: la traducción de Tyndale era altamente peligrosa. «Hacer penitencia» en la Vulgata era ahora «arrepentirse» en la versión de Tyndale; «sacerdote» era simplemente «mayor», «iglesia» simplemente «congregación», «confesar» ahora simplemente «reconocer», «caridad» ahora «amor». Sacó la alfombra bíblica de debajo de los reclamos de la iglesia. Cómo ser salvo y lo que significaba ser cristiano parecía completamente diferente: en lugar de todo sacramentalismo formal externo, había un llamado a un cambio de corazón.

Con el tiempo, la ira de la iglesia alcanzó a Tyndale, pero no antes de que se las arreglara para traducir una buena parte del

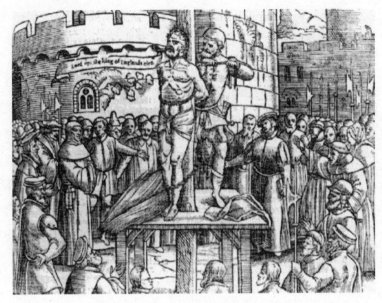

Ejecución de Tyndale

Antiguo Testamento, y unas 16 000 copias de su Biblia se habían introducido de contrabando en Inglaterra. Fue una hazaña increíble en un momento en que había una población mayoritariamente analfabeta de a lo sumo 2.5 millones. En 1535 fue capturado, y en octubre siguiente fue estrangulado y quemado oficialmente cerca de Bruselas, pronunciando las últimas palabras inmortales: «¡Señor, abre los ojos del rey de Inglaterra!».

Dinastía: una telenovela

Ese «Rey de Inglaterra» era Enrique VIII, y tanto si la oración de Tyndale fue respondida con precisión como si no, él transformaría Inglaterra de una nación devotamente católica romana a una donde la Biblia se leía, predicaba y discutía en inglés. Enrique era un gobernante autocrático con una energía temible, a menudo letal, temperamental como un resorte en espiral (y no mucho más predecible). También era profundamente religioso: él mismo servía al sacerdote en la misa (asistiendo al menos a tres misas al día), y por su firme apoyo al papa se le concedió la Rosa de Oro, al igual que el príncipe de Lutero, Federico el Sabio. No era de sorprenderse, entonces, que se opusiera a Lutero cuando supo de él. En 1521, con la ayuda de algunos escritores fantasmas dispuestos, incluso escribió una polémica contra Lutero titulada *Una Defensa de los Siete Sacramentos*, y la dedicó al papa. Por ello, el papa le otorgó lo que se convertiría en un título de lo más irónico: «Defensor de la fe». No deberíamos estar demasiado impresionados: todos los principales gobernantes de la época «llevaban títulos que indicaban su devoción al Príncipe de la Paz. Francisco fue el *Rey Más Cristiano de Francia*, Carlos *Su Majestad Más Católica de España*, Enrique fue llamado *El Defensor de la Fe* y León (el Papa), por supuesto, el *Vicario de Cristo*. Su conducta ya desmentía una esperanza demasiado optimista. Enrique, para su campaña contra Francia en 1513, había lanzado doce grandes cañones, cada uno con el nombre de uno de los apóstoles, que iban a arrojar fuego contra el Rey Más Cristiano».[1] Sin embargo, el «Defensor de la Fe» era apenas una brillante esperanza para la Reforma.

Luego tuvo problemas con su matrimonio. A los diecisiete años, Enrique se había casado a regañadientes con la viuda de su hermano mayor, Catalina de Aragón. Después de algunos años de numerosos abortos espontáneos y bebés que murieron poco después del nacimiento, se hizo claro para Enrique que Catalina era incapaz de proporcionarle un heredero. Ella le había dado una hija (María) en 1516, pero eso no era tan bueno para Enrique. Inglaterra acababa de superar la Guerra de las Rosas, en la que se disputaba la sucesión. Enrique quería un hijo para evitar cualquier posibilidad de repetición. La solución obvia era conseguir otra esposa, una que pudiera dar a luz. La forma habitual para los hombres en la situación de Enrique era encontrar una falta que hiciera que el matrimonio fuera ilegal y luego conseguir la anulación. Enrique no tuvo que buscar

mucho: Levítico 20:21 dice: «Si un hombre se casa con la esposa
de su hermano, es impureza. Ha avergonzado a su hermano;
no tendrán hijos». (Y Enrique consideró que no tenía hijos: era
una prueba de que su matrimonio era ilícito). La razón por la
que Enrique sabía el versículo era porque era precisamente lo
que había sido un problema cuando se casó con la viuda de su
hermano en el primer lugar. Sin embargo, en ese entonces, el
Papa Julio II había eliminado amablemente la prohibición de las
Escrituras con una dispensa especial.

Enrique necesitaba que el nuevo papa, Clemente II, anulara
la dispensación. Surgió una pregunta poderosa: si bien Julio claramente creía que podía anular los mandatos bíblicos, ¿podría
un papa anular las dispensaciones de un papa anterior? Por lo
general, los engranajes de la ley de la iglesia podrían engrasarse
para acomodar a reyes poderosos como Enrique. El problema
era la propia Catalina. Ella insistió en que su primer matrimonio nunca se había consumado, lo que significaba que la dispensa papal nunca había sido necesaria en primer lugar, ya que
su matrimonio con Enrique era sencillamente legítimo. Otras
mujeres podrían haber sido aplastadas hasta la sumisión. Sin
embargo, el sobrino de Catalina era el emperador Carlos, que
ya había saqueado Roma y había encarcelado a Clemente II una
vez. Carlos no iba a permitir que se desechara a su tía, y no
había forma de que el papa se opusiera a un emperador que bien
podría saquear Roma de nuevo. Y así, el papa no pudo despejar
el camino para anular el incómodo matrimonio de Enrique.

Enrique, sin embargo, no era tan fácil de detener. De hecho,
todo lo contrario: cuando su mirada se posó en la fascinante y
núbil joven Ana Bolena, se volvió implacable en su intento de
cambiar a Catalina por ella. Primero intentó presionar diplomáti-
camente al papa, luego presionó al clero inglés con la esperanza
de que el papa pudiera quebrantarse. Al mismo tiempo, puso
a trabajar a su ejército de eruditos para probar: (1) que su caso
era correcto y (2) que el papa no tenía derecho a detenerlo. Fue
esta táctica la que triunfó, ya que sus eruditos se superaron a sí

mismos. Le recordaron a Enrique que José de Arimatea (quizás incluso con Jesús) había plantado la primera Iglesia en Inglaterra, en Glastonbury. Siendo este el caso, la Iglesia de Inglaterra era más antigua que la de Roma, fundada por Pedro. Así (y aquí estaba la salsa) la iglesia en Inglaterra era independiente de Roma; su jefatura no pertenece al papa, sino al rey.

Y así, a partir de 1532, se comenzaron a aprobar una serie de leyes para adecuar las prácticas a esta realidad, haciendo la iglesia en Inglaterra cada vez más inde-
pendiente del papa y cada vez más dependiente del rey. En 1533, estas leyes habían hecho a Inglaterra lo suficientemente independiente para que Enrique pudiera actuar. Casualmente, al mismo tiempo pudo concertar el nombramiento de un nuevo arzobispo de Canterbury, Thomas Cranmer, que estaba feliz de validar el matrimonio de Enrique con Ana, que había tenido lugar en secreto a principios de año. Enrique tenía lo que quería, y al año siguiente (1534) la independencia de la iglesia inglesa

Thomas Cranmer,
Arzobispo de Canterbury

se completó cuando el Acta de Supremacía proclamó a Enrique como «jefe supremo de la iglesia en Inglaterra».

El rápido juicio impuesto a esos católicos leales a Roma que cuestionaron esto, hace que sea fácil pensar que se trataba de una reforma protestante en Inglaterra, especialmente porque las víctimas más famosas (Thomas More, el antiguo Lord Canciller de Enrique y John Fisher, obispo de Rochester) fueron los oponentes más fuertes de Lutero. Sin embargo, si bien fue una ruptura con Roma, no fue una Reforma Protestante. Desde que Enrique había escrito su *Defensa de los Siete Sacramentos*, Lutero y él habían mantenido una amarga guerra de cartas abiertas entre ellos; y, sellando el odio de Enrique por el reformador, Lutero luego se opuso al sueño de Enrique de anular su matrimonio. El rey nunca iba a tener mucho tiempo para el luteranismo. En cambio, el rey dejó bastante claro que no se apartaría de ninguna doctrina católica; solo se negaba a reconocer la supremacía del papa en Inglaterra.

Sin embargo, después de haber usado la Biblia para argumentar el caso de anulación contra el papa, fue difícil resistirse a la afirmación de que la Biblia era, después de todo, una autoridad más alta que el papa. Además, aquellos que habían estado preparados para ayudar a Enrique a romper con Roma (y por lo tanto ahora habían sido recompensados con los cargos más altos) eran a menudo evangélicos en sus convicciones, incluso si Enrique no lo era. Thomas Cranmer, el nuevo arzobispo de Canterbury, por ejemplo, tuvo que ser llamado de regreso a Alemania para ocupar su cargo. Era un signo de su incipiente evangelicalismo el que estando allí, en territorio luterano, se hubiera casado, a pesar de ser sacerdote. Es una señal aún más fuerte el que mantuviera a su esposa cuando fue llamado de regreso a Inglaterra, donde el matrimonio de sacerdotes todavía era ilegal. (Por supuesto, la Sra. Cranmer necesitaba mantenerse oculta, y se decía que él tenía un gran cofre con orificios de ventilación hechos especialmente para ella, para que cuando él viajara ella pudiera ir en su caja.

Algunos la han visto como una mártir menor de la Reforma por todas esas ocasiones en las que la caja estaba empaquetada al revés durante los viajes del Arzobispo). Otra figura evangélica clave fue el ministro principal de Enrique, Thomas Cromwell (que no debe confundirse con Oliver Cromwell, el Señor Protector de Inglaterra un siglo después). El rey efectivamente le dio todo el poder sobre la iglesia que el papa había disfrutado anteriormente (bajo Enrique, por supuesto). Y luego estaba Ana Bolena, una patrocinadora activa del evangelismo, que importó y distribuyó grandes cantidades de literatura evangélica, e incluso le presentó a su esposo parte de ella. Cuando ella era reina, varios miembros de la vieja guardia de obispos murieron, y su dominio del oído del rey ayudó a varios evangélicos a ser nombrados en su lugar. Por lo tanto, si bien los cambios de Enrique no equivalen a una reforma protestante, un número creciente de evangélicos bien ubicados como estos estaban muy felices de usarlos para fines evangélicos.

El problema era que, como descubrieron tanto los evangélicos como los católicos, el favor del rey (y, por lo tanto, toda influencia) podía eliminarse con una rapidez aterradora. Así fue para Ana Bolena. Casi de inmediato quedó embarazada y, por lo tanto, disfrutó de un período de luna de miel único en la buena voluntad del rey. Sin embargo, el hijo que dio a luz fue una niña (Isabel). La noticia no pudo haber horrorizado más a Enrique. ¿Para qué habían sido todas sus batallas contra el papa y la iglesia? Al enterarse de la noticia, se dice que se alejó al galope de Greenwich y Ana hacia Wiltshire, allí para ahogar sus penas con un viejo cortesano, Sir John Seymour, que tenía una atractiva hija llamada Juana. La familia Seymour estaba feliz de alimentar los rumores sobre Ana, quien, después de abortar a un niño, estaba perdiendo rápidamente el favor de Enrique. Se rumoraba que ella estaba teniendo numerosos ataques, que estaba incursionando en la brujería e incluso conspirando para envenenar a varios miembros de la familia real. Todo absurdo, pero suficiente para Enrique. Ana fue arrestada, declarada culpable de traición y decapitada.

Al día siguiente, Enrique se comprometió con Juana Seymour y diez días después se casaron. Al igual que Ana, solo disfrutó de la buena voluntad de Enrique durante un breve período, pero en su caso porque murió por complicaciones al dar a luz. Sin embargo, Enrique recordaba a Juana como la única esposa a la que había amado de verdad, esencialmente porque fue ella quien, después de todo, le dio al hijo y tan ansiado heredero (Eduardo).

Todo sumaba unos años costosos para Enrique, y sus arcas vacías mostraban la tensión. Y así, la perspectiva de todos esos monasterios (que, después de todo, probablemente eran más leales a Roma que al rey) empezó a parecerle cada vez más irresistible a Enrique. Había cientos de ellos, las rentas combinadas de sus tierras sumaban algo que realmente valía la pena tener. En cualquier caso, muchos se estaban derrumbando y solo se sostenían por graves irregularidades. Así, a partir de 1536, incitado por su ministro principal, Thomas Cromwell (quien, por supuesto, tenía sus propios motivos protestantes), Enrique inició el proceso de disolución de los monasterios.

Con todo, fue un movimiento bastante popular. Hubo una irritación generalizada por los privilegios del clero, y los ricos estaban felices de comprar todas esas tierras monásticas que se vendían a precios reducidos. Y muchos de los monjes y monjas parecían aliviados, algunos ahora se casaban, otros se contentaban con sus importantes pensiones o se convertían en clérigos parroquiales. Enrique pudo haberlo pensado como poco más que un golpe real; el efecto, sin embargo, fue que, con la propiedad de la iglesia ahora en sus manos, las clases dominantes estaban comprometidas con la reforma de Enrique. Ahora no había camino de regreso al antiguo catolicismo romano en Inglaterra. Y (sin duda la intención de Cromwell), el cierre de los monasterios elimina efectivamente el semillero de gran parte del catolicismo.

Al mismo tiempo, Enrique comenzaba a disfrutar de su papel de liberador de la iglesia inglesa mientras la rescataba de su cautiverio bajo los papas. Los «abusos romanos», las peregrinaciones, las reliquias y las imágenes que generaron dinero para la iglesia, estaban programadas para la destrucción, o peor aún: la risa. Por ejemplo, cuando cerraron Boxley Abbey en Kent, el venerado Rood of Boxley (un crucifijo que se movía con entusiasmo cada vez que alguien hacía una donación generosa) fue descubierto como falso, sus movimientos milagrosos atribuibles, no a Dios, sino a palancas, alambres y un monje oculto. Fue enviado a Londres, donde fue recibido con carcajadas, hachas afiladas y una gran hoguera.

Mientras se derramaba herbicida sobre el viejo catolicismo, se empezó a verter fertilizante sobre el sediento movimiento evangélico joven. En 1538, el rey ordenó que «no desanime a nadie de la lectura o el oído de la Biblia, sino que debe provocar, agitar y exhortar expresamente a todos a leer lo mismo que es la palabra de Dios muy viva». Con ese fin, solo dos años después de que Tyndale muriera llorando: «¡Señor, abre los ojos del rey de Inglaterra!», Se decretó que se colocara una Biblia en inglés en cada iglesia. Los católicos tradicionalistas estaban, por supuesto, conmocionados: lo que había sido una ofensa que merecía ser quemado en la hoguera se convirtió de repente en un comportamiento elogiado. El duque de Norfolk resopló: «Nunca leo la Escritura, ni nunca la leeré. Inglaterra estaba alegre antes de que surgieran los nuevos conocimientos; sí, quisiera que todas las cosas fueran como en el pasado. «Sin embargo, en general, la ley fue recibida con un entusiasmo al rojo vivo. Se colocaron seis Biblias en inglés en la Catedral de San Pablo, y las multitudes se agolparon inmediatamente alrededor de aquellos que podían leer lo suficientemente alto como para hacerse oír. Tan grande fue la emoción que los sacerdotes se quejaron de cómo, incluso durante el sermón, los laicos leían la Biblia en voz alta. La lectura privada de la Biblia se convirtió en una característica mucho más generalizada de la vida cotidiana, ya que incluso los analfabetos aprendieron a leer para tener acceso inmediato a «la palabra de Dios muy viva». Y una vez que eso sucedió, fue muy difícil volver atrás: ahora los carniceros y panaderos discutían la Biblia, llegaban a nuevas convicciones e incluso se atrevían a estar en desacuerdo con el clero al respecto. La iglesia ya no podía pontificar sin ser cuestionada. Con la Biblia en la mano, la gente quería saber de dónde sacaba sus ideas el sacerdote.

Sin embargo, el reinado de Enrique no fue un cambio suave y uniforme del catolicismo al protestantismo. Enrique podía pasar por estados de ánimo teológicos como pasó por esposas. Después de la muerte de Juana Seymour, Cromwell intentó reunir a Enrique con la princesa luterana, Ana de Cleves. Sin embargo, cuando Enrique finalmente la conoció poco antes del matrimonio, sintió tanta repulsión por «la yegua de Flandes», como él la llamaba, que aunque el matrimonio tenía que seguir adelante, nunca lo consumaría. En cambio, fue inmediatamente anulado, y Cromwell pagó ese fiasco con su cabeza. La familia Howard, fuertemente católica, vio entonces su momento y le presentó a Enrique a su estrella más brillante, Catalina. Enrique se casó con ella, pero fue un desastre, ya que Catalina no estaba contenta con un marido casi treinta años mayor que ella. Fue descubierta teniendo una aventura y con la velocidad de un rayo siguió a Ana Bolena hasta el bloque de ejecución en la Torre de Londres. Desde la luterana Ana, pasando por la católica Catalina, Enrique se dirigió finalmente a la reformada Catalina Parr, quien, cuando Enrique murió, debió ser una de esas esposas aliviadas por sobrevivir a su marido.

Las muchas esposas de Windsor:

1509–33	Catalina de Aragón (matrimonio anulado)	Dio a luz a María I
1533-1536	Ana Bolena (ejecutada)	Dio a luz a Isabel I
1536–37	Juana Seymour (murió)	Dio a luz a Eduardo I
1540 Ana de Cleves (matrimonio anulado)		
1540–42 Catalina Howard (ejecutada)		
1543–47 Catalina Parr (sobrevivió a Henry)		

Con un estilo similar, Enrique legisló tanto a favor como en contra del catolicismo, y tanto a favor como en contra del protestantismo. Un gran levantamiento anti-protestante en el norte, aunque salvajemente reprimido por Enrique, fue una llamada de alarma para él de que antagonizar al viejo orden podría ser peligroso. Respondió anunciando medidas duras contra quienes negaban creencias tradicionales como la transubstanciación y el celibato de los sacerdotes (sin duda, poniendo nerviosos al Sr. y la Sra. Cranmer). La lectura desordenada de la Biblia popular lo llevó, en 1543, a prohibir toda exposición pública no autorizada de la Biblia, así como toda lectura privada de la Biblia entre los no educados. Tres años después, todas las traducciones no autorizadas de la Biblia al inglés también fueron prohibidas por ley.

Los acontecimientos del 30 de julio de 1540 dejan en claro los confusos puntos de vista religiosos de Enrique. Ese día, seis hombres fueron ejecutados: tres católicos fueron ahorcados por la traición de negar la supremacía de Enrique sobre la iglesia en Inglaterra, y tres evangélicos fueron quemados por herejía. Fue una demostración brutal de lo que quería Enrique. No quería que Inglaterra se volviera protestante, pero tampoco quería que Inglaterra fuera católica. Quería un catolicismo inglés, despojado de todos los lazos y corrupciones romanas. La dificultad era, ¿qué era romano (y por lo tanto debía ser destruido) y qué era católico (y por lo tanto debía mantenerse)? Enrique experimentó la tensión personalmente: mientras había comenzado a cerrar las capillas (donde los sacerdotes rezaban por las almas en el purgatorio), también hizo provisión en su testamento para que se dijeran oraciones por su propia alma. Por si acaso. El otro problema de Enrique fue que, una vez que permitió que la Biblia criticara la práctica del papa y de la iglesia, y que la gente común la leyera, aun durante unos pocos años, era casi imposible detenerse donde se había detenido. Completamente sin querer, Enrique había desatado un torbellino, y solo pudo contenerlo durante cierto tiempo.

El rey Josías de Inglaterra

Un poco imprudente, Enrique había dejado la educación del
príncipe Eduardo y la princesa Isabel a Catalina Parr, y resultó
que los mejores tutores que se les pudieron encontrar eran bastante evangélicos. Enseñados por los mejores, ambos crecieron
para ser evangélicos personalmente inflexibles. Así, cuando, en
1547, Enrique murió y su hijo se convirtió en el rey Eduardo I,
Inglaterra estaba preparada para una verdadera reforma. Cranmer estaba emocionado: por fin podría sacar a su esposa de su
caja y comenzar a promover el evangelicalismo puro.

Eduardo tenía solo nueve años cuando se convirtió en rey
y, por lo tanto, su tío, Edward Seymour, duque de Somerset,
gobernó en su nombre como Lord Protector. Fue él quien,
con Cranmer, emprendió la obra de reforma protestante. (Sin
embargo, Eduardo no fue engañado en todo esto. A pesar de su
juventud, detestaba lo que él llamaba desdeñosamente «papis-
terio», así como convicciones evangélicas muy bien pensadas).
Durante los primeros años, Seymour y Cranmer trabajaron
gentilmente, para aclimatar a Inglaterra al protestantismo lentamente, en lugar de provocar molestias innecesarias.

Sin embargo, muchas cosas cambiaron: las leyes de Enrique
contra las creencias y prácticas evangélicas fueron revocadas,
permitiendo que el clero se casara y la gente recibiera pan y vino
en la comunión. Las capillas se disolvieron porque se basaban en
la noción del purgatorio, una creencia que aleja a las personas
de la confianza en «su verdadera y perfecta salvación mediante
la muerte de Jesucristo». Se ordenó que las imágenes de santos
fueran retiradas de las iglesias y que los altares (lugares para que
Cristo fuera sacrificado en la misa) fueran reemplazados por
mesas (lugares para una comida familiar). Se escribió un libro
de oraciones en inglés (el *Libro de Oración Común*) para asegurar
que cada servicio de la iglesia fuera en el idioma inglés y contenido evangélico. La predicación se ordenó en inglés y muchos
predicadores notables, como Hugh Latimer, comenzaron a

convertirse en nombres muy conocidos. Para aquellos clérigos menos capaces de preparar sus propios sermones, se produjo un nuevo libro de homilías (sermones listos para usar que simplemente se podían leer), que explicaba claramente la justificación solo por la fe. Y para aquellos que iban a ser ordenados, había una nueva expectativa:

Hugh Latimer predicando a Eduardo VI, un ávido amante de los sermones

ahora estaba claro que convertirse en ministro no se trataba de ser un sacerdote que ofrece sacrificios (en la misa), sino principalmente de predicar. Con ese fin, los que fueron ordenados, en lugar de ser investidos con ropa sacerdotal, recibieron una Biblia.

Para algunos fue demasiado, y en 1549 hubo un levantamiento popular en el suroeste, principalmente contra el hecho de que el libro de oraciones estaba en inglés (a Cranmer le desesperaba que los rebeldes quisieran tan apasionadamente un servicio en latín, el cual no podían entender). Sin embargo, en ese año, John Dudley reemplazó a Edward Seymour y aplicó su pie con más firmeza al acelerador de la Reforma. Al mismo tiempo, Inglaterra se estaba convirtiendo en un refugio para los reformadores continentales que huían de los ejércitos victoriosos del Emperador del Sacro Imperio Romano Germánico. Martin Bucer de Estrasburgo se convirtió en Profesor Regius de Divinidad en Cambridge a tiempo para ayudar a Cranmer a escribir su libro de oraciones. Peter Martyr Vermigli se convirtió en Profesor Regius de Divinidad en Oxford a tiempo para ayudarlo a reescribirlo.

Los dos libros de oraciones de Cranmer (1549 y 1552) son una buena ventana al paso de la Reforma en Inglaterra. La versión de 1549 pudo haber sido escrita deliberadamente como una teología de la Reforma digerible y provisional, preparando los estómagos para la carne fuerte que vendría. En cualquier caso, si bien no hubo nada sobre la transubstanciación y el sacrificio de la misa, aparte de su inglés, no fue demasiado irritante para los oídos católicos. Al recibir el pan, uno escucharía «El Cuerpo de nuestro Señor Jesucristo, que fue dado por ti, preserva tu cuerpo y alma para vida eterna». Era completamente Luterano, pero un católico podía comer con la conciencia feliz.

Sin embargo, entre todos los teólogos refugiados que llegaron a Inglaterra no hubo luteranos (algo que todavía se siente hoy en la casi total falta de sabor Luterano al evangelicalismo inglés, que siempre ha sido mucho más zwingliano y calvinista). Y, cuando Vermigli y otros llegaron, odiaron el luteranismo del libro de oraciones de 1549, y anhelaban hacerlo sentir más suizo. Funcionó. Si Cranmer lo había estado planeando en cualquier caso, o si su propia teología había cambiado, las palabras pronunciadas en la entrega del pan en la versión de 1552 fueron: «Toma y come esto en memoria de que Cristo murió por ti [que suena a zwingliano], y aliméntalo en tu corazón por fe con acción de gracias [que suena calvinista]». Ningún católico podría estar feliz con eso. La Reforma en Inglaterra había avanzado.

Luego, el tren descontrolado de la reforma evangélica se detuvo con la muerte de Eduardo, de 15 años, en 1553. Temiendo que llegara y sabiendo que sería su media hermana archicatólica María la que subiría al trono y desharía todo lo que había logrado, Eduardo había ayudado a tramar un plan desesperado. Dudley se aseguraría de que Lady Jane Gray, una prima decididamente evangélica de María y la siguiente en la línea al trono después de los hijos de Enrique, fuera instalada como reina antes de que María pudiera serlo.

Y así, en el momento en que Eduardo murió, Jane fue proclamada reina en Londres. Todo fue en vano: María rápidamente reunió apoyo y entró en Londres, enviando a Jane a la Torre. El plan no había tenido en cuenta el hecho de que la mayoría de la gente se preocupaba más por un monarca legítimo que por uno protestante. Incluso los protestantes habían apoyado a María, felizmente inconscientes de lo severa que sería al tratar con ellos.

María la sanguinaria: un cóctel repelente

María, sin embargo, era hija de Catalina de Aragón. Criada como la princesa incuestionable de la corte católica romana de Enrique, de repente la declararon ilegítima y la presionaron para que abandonara su religión cuando Enrique se deshizo de Catalina y rompió con Roma. Para María, el protestantismo no era solo una herejía, era la razón de todos sus males.

Tan rápido como pudo, Maria regresó a Inglaterra a Roma. Los obispos evangélicos fueron destituidos de su cargo, Thomas Cranmer fue reemplazado como arzobispo de Canterbury por el cardenal Pole, las Biblias fueron retiradas de las iglesias, los clérigos casados fueron separados de sus esposas: simplemente, el reloj nacional se retrasó al tiempo anterior a todos los cambios de su padre. Sería como si todo ese desagradable asunto nunca hubiera sucedido. Y en muchos sentidos, Inglaterra parecía bastante dispuesta. Por supuesto, hubo algunos disturbios contra el nuevo orden, pero también hubo muchos que parecieron aliviados. Todo tipo de muebles de iglesias católicas (imágenes, vestimentas sacerdotales, etc.) ahora reaparecieron, después de haber sido escondidas por los católicos de las purgas de Eduardo. Claramente, las reformas de Eduardo no habían sido populares entre todos.

Dicho esto, era imposible borrar veinte años de historia. Las cosas no podían volver a ser como habían sido. Por un lado, todos esos monasterios y propiedades monásticas no podían ser reclamados, porque si bien los nuevos propietarios podrían estar felices de ir a misa, no estaban tan dispuestos a devolver sus tierras. Y, simplemente era demasiado tarde ahora para actuar como si nadie hubiera leído una Biblia o escuchado un sermón en inglés. La gente había comenzado a tener dudas sobre la enseñanza tradicional, por lo que, incluso si no eran evangélicos convencidos, no iban a gastar dinero en peregrinaciones y prácticas que podrían no funcionar. Incluso si las dudas no provenían de la lectura de la Biblia, era difícil venerar las imágenes después de ver ridiculizada a la gran Cruz de Boxley.

El gran problema de María era que todo sería en vano si no tenía un heredero. Necesitaba un bebé. Necesitaba un marido. Pero ¿quién podría ser? Ella eligió al futuro Felipe II de España. En realidad, no fue una elección acertada: Felipe era un enemigo implacable del protestantismo, y aunque la gente estaba dispuesta a tolerar una medida de la represión católica de María, las horripilantes historias de la Inquisición española los preocuparon mucho más.

Y ocurrió que sus peores temores se hicieron realidad. Al ver hacia dónde soplaba el viento, muchos protestantes se habían refugiado en el extranjero en lugares como la Ginebra de Calvino; otros decidieron quedarse y operar en silencio, distribuyendo en secreto sus «libros rebeldes» y reuniéndose en congregaciones clandestinas (a menudo bastante grandes).

Los mártires de Oxford

Entre las víctimas más famosas de María se encontraban el antiguo arzobispo de Canterbury, Thomas Cranmer; el famoso predicador y obispo de Worcester, Hugh Latimer; y el obispo de Londres, Nicholas Ridley. En 1555, Ridley y Latimer fueron quemados juntos, espalda con espalda, al final de Broad Street en Oxford. Latimer, de unos ochenta años, fue el primero en morir, gritando a través de las llamas: «Tenga un buen consuelo, maestro Ridley, y haga de hombre; este día encenderemos una vela tal, por la gracia de Dios, en Inglaterra, que confío en que nunca se apagará.» Desafortunadamente para Ridley, la madera estaba colocada en gran cantidad a su alrededor, por lo que sufrió terriblemente, sus piernas ardieron antes de que el resto fuera tocado. La horrible vista aparentemente hizo llorar a cientos de personas.

Cinco meses después, Thomas Cranmer fue quemado en el mismo lugar. El viejo arzobispo y arquitecto de gran parte de la Reforma inglesa, ahora con casi setenta años, había renunciado, bajo extrema presión, a su protestantismo. Fue un triunfo para el reinado de María. Sin embargo, a pesar de su retractación, fue una encarnación tal de la Reforma que se decidió que en cualquier caso debería ser quemado. Fue una decisión que anularía con creces la victoria de María, porque cuando llegó el día, Cranmer se negó a leer su retractación. En cambio, afirmó con valentía que era en efecto un protestante, aunque uno cobarde por abandonar sus principios. En consecuencia, anunció, «por cuanto mi mano ofendió, escribiendo en contra de mi corazón, mi mano será primero castigada por ello». Fue fiel a su palabra: mientras se encendían los fuegos, extendió la mano que había firmado su retractación para que se quemara primero.

Habiendo negado brevemente su protestantismo, Cranmer ardió así con una valentía conmovedoramente desafiante, y así murió el primer arzobispo protestante de Canterbury.

La quema de Thomas Cranmer

Los que se quedaron y no se echaron abajo fueron quemados. En total, y en marcado contraste con la tolerancia del reinado de Eduardo, el reinado de María vio a unos 300 evangélicos quemados por su fe, sin contar los muchos otros que murieron en las horrendas condiciones de las prisiones del siglo XVI. Después de Auschwitz, algunos cientos pueden no parecer mucho, pero por el día fue un holocausto verdadero y aterrador.

El inesperado y firme coraje de tantos mártires, junto con la brutalidad del régimen de María, no podía dejar de conmover al pueblo. Las quemas grabaron en la conciencia nacional una asociación de tiranía con Roma, mientras que las relaciones de María con España hicieron que los mártires parecieran patriotas ingleses. Al darse cuenta de esto, en 1558 se tomó la decisión de quemar a los herejes lejos del ojo público, pero para entonces ya era demasiado tarde.

Si María hubiera tenido hijos, Inglaterra probablemente habría seguido siendo oficialmente católica. Sin embargo, lo que María pensó que era el embarazo tan deseado resultó ser cáncer de estómago, y el 17 de noviembre de 1558 murió, seguida en cuestión de horas por su arzobispo de Canterbury, Reginald Pole. Al final, el cóctel de quemaduras de «Maria la Sanguinaria», las conexiones españolas y Roma simplemente había repelido a los ingleses del catolicismo que ella buscaba volver a imponer. Y, al verlo todo desde el extranjero, aquellos en el exilio estaban más apasionados que nunca por regresar y purificar a Inglaterra de tales cosas. Cuando María murió, una marea de protestantismo anticatólico ahora candente volvería a golpear la costa inglesa.

«Esto es obra del Señor y es maravilloso a nuestros ojos»

Fue con este versículo, Salmo 118:23, que la joven princesa Isabel aparentemente recibió la noticia de que María había muerto y que ahora era reina. No es de extrañar que se sintiera aliviada: casi milagrosamente, había sobrevivido al holocausto y el país podía ser reclamado para el protestantismo.

La hija menor de Enrique, Isabel, era una astilla del viejo palo. Imperiosa e implacablemente enérgica, tenía una mente brillante capaz de replicar a la velocidad de un rayo y la astucia política suficiente para sobrevivir al reinado de Maria sin resbalar. Y, siendo quien era, todos sabían que reintroduciría el protestantismo. Su madre era Ana Bolena, la causa de la separación de Enrique con Roma, y dado que Roma se negó a reconocer el matrimonio de Enrique con Ana, Roma vio a Isabel como ilegítima, lo que significaba que no podía ser reina. Isabel no tuvo más remedio que ser protestante. Sin embargo, resultó que de hecho era protestante por convicción personal y profunda.

Un año después de convertirse en reina, las reformas religiosas de María se deshicieron y una nueva Ley de Supremacía proclamó a Isabel como la «gobernadora suprema» de la Iglesia de Inglaterra (Enrique había sido el «jefe supremo», pero este nuevo título estaba destinado a ser menos irritante tanto para los oídos católicos como para los protestantes que no creían que una mujer pudiera ser «cabeza»). Una vez más, el monarca, y no el papa, tenía el control.

Además de esto, se proporcionó un nuevo libro de oraciones y, nuevamente, su teología distintiva mostró dónde estaban las cosas. Básicamente, el libro de oraciones de 1559 era muy parecido a la segunda versión de 1552 de Cranmer, solo que se atenuó un poco. Ahora no había oración por la liberación del papa, su «tiranía» y «todas sus detestables enormidades», por ejemplo. Una vez más, fueron las palabras pronunciadas en la entrega del pan las que dijeron tanto. En la versión de 1559 se convirtieron en «El Cuerpo de nuestro Señor Jesucristo, que fue entregado por ti, preserva tu cuerpo y alma para vida eterna (de la edición de 1549). Toma y come esto en memoria de que Cristo murió por ti, y aliméntalo en tu corazón por fe con acción de gracias (de la edición de 1552)». En otras palabras, el nuevo libro de oraciones fue un acuerdo entre el luteranismo y el protestantismo suizo.

Este iba a ser exactamente el tipo de protestantismo que Isabel legislaría. Era atrevida e inconfundiblemente protestante (la palabra «acuerdo» no implica que haya algo medio católico en ello), pero no era ni una marca de protestantismo ni la otra. Si Enrique había establecido un catolicismo muy inglés (en oposición al romano), Isabel estableció un protestantismo muy inglés (en oposición al especialmente luterano o calvinista). Bajo Isabel, Inglaterra iba a ser una nación protestante unida.

Y eso significaba que todos tenían que ir a la iglesia, donde a todos se les presentaría el mismo protestantismo inespecífico. Ni siquiera tenían que estar de acuerdo con eso. Los católicos, por ejemplo, no tenían que tomar la comunión; podían creer en privado lo que quisieran. Solo tenían que adaptarse e ir a la iglesia (o pagar una multa muy fuerte cada vez que no se presentaban). Como dijo uno de sus contemporáneos, a ella no le importaba «hacer ventanas en el alma de los hombres», solo unir a la nación bajo ella y su fe.

Sin embargo, sería un error pensar en Isabel simplemente como una política astuta con poco interés en la teología. Ella era personalmente, una protestante convencida, que leía el Nuevo Testamento en griego todos los días, además de leer regularmente una Biblia en inglés y orar en inglés. Cuando acababa de convertirse en reina, un obispo cometió el error de levantar el pan (al estilo católico, para que pudiera ser adorado) en su capilla privada. Isabel salió furiosa y prohibió que se repitiera tal comportamiento en su coronación. En la apertura de su primer parlamento, ordenó a un protestante que predicara, y en secreto (por temor a la guerra) proporcionó ayuda a los protestantes en el extranjero.

Conociendo sus creencias personales, los reformadores compartieron felizmente guiños astutos entre sí mientras este protestantismo moderado se extendía a los libros de estatutos. Sin duda, esto fue solo el comienzo, la vieja táctica de avanzar lentamente por el camino de la Reforma. Fue un shock extraordinario cuando quedó claro que ella lo veía como su última palabra al respecto. En cuanto a aquellos que regresaron de Ginebra con ideas avanzadas sobre cómo se podría reformar más la iglesia, Isabel tenía poco tiempo para ellos. Porque si bien fue firme en que Inglaterra fuera protestante, también fue firme en

Boceto contemporáneo de Isabel I, de Nicholas Hilliard

que este no era el momento para el idealismo protestante. Si Inglaterra se volvía demasiado extrema, temía, empujaría el fervor anti-protestante en el continente más allá del punto de ebullición y, por lo tanto, amenazaría la seguridad de su reino. España o Francia podrían invadir.

Durante un tiempo, todos miraron y esperaron. Elizabeth, después de todo, era una mujer: si se casaba, eso podría cambiar las cosas; si no lo hacía, su falta de heredero también cambiaría las cosas. Pero después de una década quedó claro que no se iba a casar y que no iba a cambiar. Y así, en 1570, el papa trató de hacer avanzar las cosas excomulgándola, privándola oficialmente de su trono y pidiendo a los católicos ingleses que se negaran a obedecerla. Fue una mala movida. Antes, el catolicismo había sido tolerado; ahora era traición. Como ya no se formaba a ningún sacerdote católico en Inglaterra, la única línea de suministro espiritual para los católicos ingleses era una pequeña cantidad de sacerdotes, formados en el extranjero, que llegaban al país para servirlos en privado. Pero ahora tales sacerdotes, que cruzaban la frontera, eran vistos como agentes peligrosos de una potencia extranjera hostil. Después de todo, si eran leales al papa, debían estar fomentando la traición. Y así, el catolicismo se convirtió en un asunto clandestino, con familias católicas adineradas que escondían a sus sacerdotes en los agujeros sacerdotales de sus casas de campo apartadas y pretendían estar conformes.

Tal comportamiento sigiloso siempre multiplica las sospechas y, a lo largo de los años, creció el miedo nacional al «católico debajo de la cama». Y no fue solo paranoia. No solo el papa, sino todas las fuerzas de la Contrarreforma católica se opusieron al único país protestante unido de Europa. Si el régimen protestante de Isabel podía ser derrocado, entonces el protestantismo recibiría un golpe mortal.

El movimiento obvio fue asesinarla, ya que si Isabel moría, su prima, fielmente católica, María, Reina de Escocia, era la siguiente en la fila y ocuparía su lugar. María se convirtió así en el epicentro de los complots católicos contra Isabel. Difícilmente podrían haber tenido una figura menos capaz: donde Isabel era la astucia personificada, María era todo lo contrario. María ya había logrado alienar a todos en Escocia con tanto éxito que se vio obligada a refugiarse en Inglaterra. En su opinión, esto no sería un problema: seguramente su prima Isabel cuidaría de ella. Pero Isabel no estaba particularmente emocionada con la idea de que la mascota de todos los complots de asesinato se quedara con ella. Tenía a María discretamente escondida en el campo bajo arresto domiciliario. Y ahora las cosas cambiaron. Los protestantes en el consejo de Isabel vieron que, con el hijo de María, Jacobo, criado en manos calvinistas seguras en Escocia, María era un problema que debía eliminarse. Si moría antes que Isabel, la corona pasaría al protestante Jacobo, y todo iría bien. Luego, uno de los agentes de Isabel encontró pruebas contundentes de que María, amargada por su arresto, era parte de un complot contra Isabel. El juego terminó y en 1587 María fue ejecutada.

El futuro protestante de la corona estaba a salvo. Sin embargo, el país no, para el año siguiente, el viejo esposo de María la Sanguinaria, Felipe II de España, intentó una invasión armada de Inglaterra a gran escala, que el papa felizmente bendijo como una cruzada. Si la nación aún no estaba unida, lo hizo la enorme armada naval de Felipe que navegaba por el Canal de la Mancha. Con la ayuda de algunas tormentas feroces, la armada fue derrotada. Estaba claro para todos en Inglaterra: Dios había salvado a su verdadero pueblo (protestante) y había juzgado a los malvados (católicos). Se acuñó una medalla para conmemorar la victoria, con una inscripción que hacía eco de Éxodo 15:10 y la salvación de Israel del ejército egipcio: *Afflavit Deus et dissipantur* («Dios sopló y fueron esparcidos»). Claramente, Dios le había sonreído al protestantismo de Isabel. Y, con la misma claridad en la mente de Isabel, eso significaba que Dios no pensó que ella necesitaba ir más lejos en el camino de la Reforma, como pensaban algunos de sus súbditos.

Al final de su reinado, en 1603, no había ninguna duda: ser Inglesa era ser protestante. Ser católico era ser una herramienta traidora de potencias extranjeras. El culto a la Virgen María había sido reemplazado por el culto a la reina virgen, Isabel.

¡Cómo habían cambiado las cosas! Ya en 1560, se había producido la Biblia Calvinista de Ginebra, llena de notas explicativas,
de modo que cuando, por ejemplo, el lector se encontraba con
una palabra difícil como «anticristo», una nota explicaba «ese
es, el papa con todo su cuerpo de inmundas criaturas». En ese
momento, esa era una opinión que solo tenían los fanáticos.
Pero al final del reinado de Isabel, que el papa era el anticristo
era obvio para todos.

Más que nada, el largo reinado de Isabel (1558-1603) resultó
ser una guerra de deserción contra el catolicismo. Cuando subió
al trono por primera vez, nadie lo esperaba. Pero a medida que
pasaron los años, las prácticas católicas simplemente cayeron en
desuso y los sacerdotes católicos entrenados en las viejas costumbres se extinguieron. En su lugar, todos escucharon la liturgia y las homilías de Cranmer, semana tras semana; pronto los
únicos pastores de teología a los que pudieron acceder fueron
los protestantes; pronto, la única Biblia que la gente conocía era
en inglés, y la propiedad y el conocimiento de ella se filtraron
lentamente incluso en las áreas más rurales. El largo reinado de
Isabel aseguró que la nación fuera protestante. Lo que nunca
pudo hacer fue asegurarse de que la gente fuera evangélica.

Al norte de la frontera

Las cosas siempre funcionan de manera diferente en Escocia,
aunque la Reforma escocesa comenzó con líneas familiares. Al
mismo tiempo que la literatura luterana se introducía clandesti-
namente en Inglaterra y se discutía en Cambridge, se introducía
en Escocia y encontraba lectores ansiosos en St. Andrews. Y, al
igual que en Inglaterra, algunos de los conversos evangélicos
comenzaron a predicar las nuevas doctrinas.

Sin embargo, nada de esto hizo mucha diferencia hasta que,
en 1528, uno de ellos, Patrick Hamilton, fue arrestado y quemado por herejía en St. Andrews. Elevó el perfil del

evangelicalismo en Escocia, haciendo que muchos se preguntaran qué era la nueva enseñanza, por qué era tan peligrosa y por qué un hombre moriría por ella.

Una cosa que fue diferente en Escocia fue que el rey (Jacobo, en ese momento) ya tenía el control casi completo de la iglesia en su país. Y así, en su opinión, no había necesidad de romper con Roma como había hecho Enrique III de Inglaterra. ¿Qué ganaría? La corona escocesa simplemente nunca iba a estar interesada en separarse de Roma.

Luego, en 1542, Jacobo murió, abriendo una ventana de oportunidad para la Reforma. La monarca legítima era ahora la infanta María, reina de Escocia, pero gobernando como su regente estaba James Hamilton, el conde de Arran. El año siguiente vio algo extraordinario: «El encaje piadoso de Arran». El mismo Arran tenía una habilidad extraordinaria para cambiar entre el catolicismo y el

protestantismo, pero ese año era protestante. Y el resultado fue un año de legislación pro-protestante: se sancionó (y se vendió bien) una Biblia en lengua vernácula; se encargaron predicadores evangélicos; el principal católico romano, el cardenal David Beaton de St. Andrews, incluso fue arrestado.

Entonces Beaton encabezó una reacción violenta y, después de un año, Arran decidió ser católico otra vez. La lectura de una Biblia en lengua vernácula fue declarada ilegal nuevamente y, como una clara señal para todos de que los buenos tiempos habían vuelto, el principal predicador evangélico, George Wishart, fue capturado, juzgado y quemado como hereje.

Sin embargo, los protestantes escoceses no eran de los que aceptaban este tipo de trato. Una pequeña pandilla disfrazada irrumpió en el castillo de St Andrews, asesinó a Beaton, colgó su cuerpo de la ventana y procedió a tomar el control del castillo. Durante el año siguiente, el castillo se convirtió en un lugar de retiro para los protestantes escoceses, que lo mantuvieron hasta que fue bombardeado y sometido por las tropas francesas llamadas para ayudar.

La mayoría de los acusados derrotados fueron condenados a ser esclavos de galera a bordo de barcos franceses, encadenados a bancos para remar durante todo el día bajo la amenaza de un látigo. Entre ellos estaba el viejo empuña-espadas guardaespaldas de Wishart, y más tarde predicador de los acusados del castillo, John Knox. Sus compañeros de prisión ya conocían su teología: su primer sermón, sobre el papa como la ramera de Babilonia, lo había dejado claro. Pero ahora, en su barco, empezaron a conocer su temple. Solían ser amenazados con torturarlos si no mostraban reverencia a la misa cuando se celebraba a bordo, o a la imagen de la Virgen María. Sin embargo, cuando Knox se negó y la imagen de María fue forzada en su rostro para que la besara, Knox la agarró y la tiró por la borda. Después de eso, sus captores dejaron de intentarlo, y después de casi dos años de hacer de sus vidas una miseria, fue liberado.

Knox pasó un tiempo en Inglaterra, tratando de presionar a Cranmer para acelerar su Reforma, pero cuando María «la sanguinaria» llegó al trono, se fue a Ginebra. Para Knox, Ginebra era el paraíso: «la escuela de Cristo más perfecta que jamás haya existido en la tierra desde los días de los apóstoles», la llamó. Le hizo soñar con cómo podría ser su Escocia natal. Logró viajar durante los próximos años, incluso consiguiendo regresar brevemente a Escocia, donde fue recibido calurosamente por un número creciente de protestantes escoceses, que comenzaban a verlo como una especie de líder en el exilio. Pero en su mayor parte, esperó en Ginebra, observando con creciente furia cómo se desarrollaban los acontecimientos en Gran Bretaña.

En 1558, su ira estalló y desató de su pluma *El Primer Toque de Trompeta Contra el Monstruoso Regimiento de Mujeres*.

Por «regimiento» (gobierno) de mujeres, se refería a los reinados de las dos reinas católicas, María, reina de Escocia y María «la Sanguinaria» de Inglaterra. En opinión de Knox, la raíz de todos los horrores que se desataron en Gran Bretaña fue el «monstruoso» hecho de que las mujeres gobernaban, cuando el poder era dominio exclusivo de los hombres. Fue desastrosamente cronometrado, porque poco después de la publicación, María «la sanguinaria» murió, lo que debería haber dejado a Knox libre para regresar a Inglaterra. Sin embargo, no había forma de que Isabel tuviera al autor del *Toque de Trompeta* en su reino. Puede que no se haya escrito pensando en ella en absoluto, pero Isabel nunca perdonó a Knox por el insulto y, a partir de entonces, siempre tuvo una profunda sospecha de cualquier cosa de Ginebra.

Al año siguiente (1559), sin embargo, Knox finalmente pudo regresar a Escocia. Inmediatamente, sus sermones volcánicos avivaron el sentimiento protestante (y algunos disturbios). Fue declarado proscrito, pero muy rápidamente una poderosa banda de nobles protestantes se preparó para defender Knox y luchar por su protestantismo. Al mismo tiempo, al igual que en Inglaterra, el catolicismo comenzaba a asociarse con ser extranjero. María, reina de Escocia, era ella misma demasiado francesa: se crió en Francia, aún vivía en Francia, estaba casada con un francés, con una madre francesa (que había reemplazado a Arran como regente de María); para muchos escoceses, se sentía incómodo como si Escocia se estuviera convirtiendo en una provincia de Francia. Y así el patriotismo escocés comenzó a fusionarse con el protestantismo escocés en un intento por deshacerse de los católicos franceses.

Por supuesto, todo esto era música para los oídos de Isabel, en Inglaterra. Le encantaba la idea de tener una Escocia protestante al norte, en lugar de estar atrapada en lo que de otro modo sería un incómodo vicio católico, con una Escocia católica al norte y una Francia católica al sur. Decidió enviar tropas al norte para ayudar a los protestantes a asegurar el éxito. Su sola apariencia fue suficiente para cambiar las cosas, y en 1560 el Parlamento escocés pudo decretar que el papa ya no tenía ninguna autoridad en Escocia, y en cambio que toda la doctrina y la práctica tenían que ajustarse a una nueva confesión de fe (la Confesión Escocesa) elaborada por John Knox. Puede que a María, reina de Escocia, no le hubiera gustado, pero todavía estaba en Francia, y cuando llegara a Escocia un año después, tendría que aceptarlo. Escocia era ahora un país calvinista.

Fue un cambio extraordinario. En 1558, Inglaterra y Escocia habían sido católicos; en 1560 eran protestantes. Por supuesto, como en Inglaterra, se necesitaría más tiempo para que el protestantismo se convirtiera en una convicción personal y popular. En la Pascua de 1561, por ejemplo, menos de uno de cada diez de la población de Edimburgo estaba preparada para recibir la Cena del Señor Calvinista. No es que estuvieran especialmente apegados a la misa; era que aún tenían que comprender la nueva teología. Necesitaban predicadores capacitados y una liturgia protestante antes de que pudieran llevar el evangelicalismo a sus corazones.

Política y teología

Lo que quizás sea más revelador sobre las reformas en Inglaterra y Escocia es lo muy diferentes que fueron, tanto entre sí como de las reformas en Wittenberg, Zurich y Ginebra. En pocas palabras, una reforma impulsada más por la teología es bastante distinta a una reforma impulsada más por la política. Para los reyes y reinas de Inglaterra, la política era fundamental para su pensamiento de una manera que no era el caso de Lutero, Zwinglio y Calvino. Lo mismo puede verse en la diferencia entre las reformas en Inglaterra y Escocia: en Inglaterra, la Reforma fue en gran medida un asunto de arriba hacia abajo, impulsado por los monarcas (y utilizado por los reformadores); en Escocia, fue más de abajo hacia arriba, exigido por la gente a pesar del monarca.

En todo caso, lo que demuestra esa diferencia es cómo la Reforma, en su esencia, se trataba de doctrina. No fue una búsqueda de reformas políticas, sociales o morales vestidas con ropas teológicas; más profundo que cualquier otra cosa había un conjunto de preguntas teológicas: «¿Qué es el evangelio?» «¿Cómo podemos saberlo?» «¿Qué es la salvación y cómo puedo ser salvo?» «¿Quiénes son el pueblo de Dios y qué es la Iglesia?» El mismo hecho de que sea tan fácil detectar la diferencia entre Martín Lutero y Enrique III lo dice todo. Era muy posible utilizar la Reforma con fines políticos (como hizo Enrique), pero la Reforma en sí fue una revolución teológica (como lo demostró Lutero).

Notas

1 R. Bainton, *Erasmo de la cristiandad* (William Collins Sons & Co., 1969), pág. 153.

6 Reformando la Reforma: Los puritanos

¿Quiénes eran los puritanos?

«Puritano»: la palabra siempre ha sido más un arma que una descripción. Para la gran mayoría es lodo verbal que, una vez arrojado, hace que la víctima parezca un James Ussher ridículo y lúgubre. Para la pequeña minoría, se blandió como una descripción de un equipo dorado unido con las más impecables credenciales teológicas y espirituales.

La palabra se acuñó como un insulto poco después de que Isabel se convirtiera en reina: para el inglés promedio, estaba el católico «papista» por un lado, y el «precisionista» o «puritano», situado muy lejos al otro extremo. Sugiere un tipo quisquilloso, «más santo que tú», que se consideraba más puro que el resto. Ciertamente no fue una descripción justa: aquellos a quienes se aplicó claramente nunca se consideraron puros (ni mucho menos, como lo demuestra su constante testimonio de su propia pecaminosidad). Pero tampoco era una descripción muy precisa: los puritanos reconocidos diferían entre sí, a menudo de forma marcada. Podrían estar en desacuerdo sobre el tema de la cruz; podrían estar en desacuerdo sobre cómo, exactamente, salvarse; el poeta John Milton, un puritano indudable, ni siquiera creía en la Trinidad, el Dios de todos los credos cristianos.

¿Quiénes, entonces, eran los puritanos? Quizás John Milton lo expresó mejor cuando habló de «la reforma de la Reforma», porque ese era el objetivo común de todos los puritanos. No es que pensaran que eran puros; era que querían purificar lo que en la iglesia y en ellos mismos aún no se había purificado. Querían reforma, y aunque tenían algunas ideas diferentes sobre cómo debería ser, querían aplicar la Reforma a todo lo que aún no había tocado. Pensaban que la Reforma era algo bueno, pero que aún no estaba completa.

¿Cierto pero repulsivo?

Antes de ver su historia, es necesario limpiar parte del barro que se les ha arrojado para que podamos entenderlos.

Por un lado, ni siquiera se parecían a lo que nosotros consideramos como el estereotipo de un puritano. Imaginamos que, en medio de todas las mangas abullonadas y corpiños llamativos del período Isabelino, y las gorras y jubones alegres de los caballeros risueños, los puritanos simplemente vestían de negro y fruncían el ceño. Así es como los muestran sus retratos, con su mejor atuendo de domingo (y sentarse para los retratos era algo formal). Pero otros días podían usar todos los colores del arcoiris. John Owen, probablemente el más grande teólogo puritano, caminaba por Oxford «cabello empolvado, banda de batista con grandes y costosos cordones, chaqueta de terciopelo, calzones redondeados en las rodillas con cintas puntiagudas y botas españolas de cuero con tapas de batista».

Tampoco eran una multitud de amargados empedernidos

Contrario a la impresión popular, el puritano no era un asceta. Si continuamente advirtió contra la vanidad de las criaturas como mal utilizada por el hombre caído, nunca elogió las camisas de

pelo o las costras secas. Le gustaba la buena comida, la buena
bebida y las comodidades hogareñas; y aunque se reía de los
mosquitos, le resultaba muy difícil beber agua cuando se acababa la cerveza.[1]

Francamente, cualquier intento de decir cómo eran «todos
los puritanos» será engañoso, dado el grupo grande y, a menudo,
diverso que representaban. Entonces, por supuesto, algunos
fueron bastante severos: William Prynne, por ejemplo, podía
escribir que «Cristo Jesús, nuestro modelo... estaba siempre de
luto, nunca riendo». Pero lo que podría ser cierto para uno no
es necesariamente cierto para otro. Lo que se puede decir de
muchos de ellos, sin embargo, es que su celo por reformar todo
en la vida podría conducir a cierta pedantería. El posterior puritano estadounidense Cotton Mather, por ejemplo, escribió una
vez en su diario:

> Una vez estaba vaciando la cisterna de la naturaleza y haciendo
> agua en la pared. Al mismo tiempo, vino un perro, que tam-
> bién lo hizo, antes que yo... [Sorprendido de que su acción lo
> degradara «a la condición de la bestia»] Decidí que debería ser
> mi práctica ordinaria, siempre que me detuviera a responder a
> una u otra necesidad de la naturaleza para convertirla en una
> oportunidad de moldear en mi mente algún pensamiento santo,
> noble y divino.

¡Quizás demasiado serio, se podría pensar! Pero, nuevamente,
no podemos suponer que todos los puritanos hicieron lo mismo.

El rasgo más importante que deja a los puritanos tan incom-
prendidos es el que realmente los unió a todos: su amor apa-
sionado por la Biblia, por el estudio de la Biblia y por escuchar
los sermones. Una y otra vez escuchamos de puritanos viajando
felices durante horas para escuchar un buen y largo sermón, y
que les parece mejor un buen estudio bíblico que una noche de
baile. Los sermones de hasta siete horas de duración no eran des-
conocidos. Laurence Chaderton, el maestro extraordinariamente

longevo del criadero del puritanismo, Emmanuel College en Cambridge, se disculpó una vez con su congregación por predicarles durante dos horas seguidas. Su respuesta fue gritar: «¡Por el amor de Dios, señor, continúe, continúe!» Para las personas que nunca han experimentado la Biblia como algo emocionante, tal comportamiento suena, en el mejor de los casos, aburrido y, en el peor, trastornado. Pero Europa había estado sin una Biblia que la gente pudiera leer durante unos mil años. Poder leer las palabras de Dios, y ver en ellas tan buenas noticias de que Dios salva a los pecadores, no sobre la base de lo bien que se arrepientan, sino por su propia gracia, fue como un estallido de sol mediterráneo en el mundo gris de la culpa religiosa. Era casi intoxicantemente atractivo y seductor.

Un parlamento de puritanos ingleses: Thomas Gouge, William Bridge, Thomas Manton, John Flavel, Richard Sibbes, Stephen Charnock, William Bates, John Owen, John Howe y Richard Baxter

Realmente, no comprender eso hace imposible comprender a los puritanos. Tomemos, por ejemplo, un relato de un evento típicamente puritano: el «rugido» de John Rogers predicando un sermón en el bonito pueblo de Dedham, en la frontera de Suolk-Essex. Aquí John Howe registra el recuerdo de Thomas Goodwin:

Y en ese sermón él [Rogers] se enfada con la gente acerca de su negligencia de la Biblia (me temo que está más descuidada en nuestros días); él personifica a Dios ante la gente, diciéndoles: «Bueno, he confiado mi Biblia durante tanto tiempo; la han despreciado, está en tales o cuales casas, todas cubiertas de polvo y telarañas;

no se preocupan de examinarla. ¿Usas mi Biblia así? Bueno, ya no tendrás mi Biblia». Y él toma la Biblia de su cojín, y parecía como si se fuera con ella y se la llevara; pero inmediatamente se vuelve de nuevo y personifica al pueblo ante Dios, se arrodilla, llora y suplica con el mayor fervor: «Señor, todo lo que nos hagas, no nos quites tu Biblia; mata a nuestros hijos, quema nuestras casas, destruye nuestros bienes; solo déjanos tu Biblia, solo no nos quites tu Biblia». Y luego vuelve a personificar a Dios ante la gente: «¿Dices eso? Bueno, te probaré un poco más; y aquí está mi Biblia para ti, veré cómo la usarás, si la amarás más, si la valorarás más, si la observarás más, si la practicarás más y vivirás más de acuerdo con ella.» Pero con estas acciones... puso a toda la congregación en una postura tan extraña como nunca vio a ninguna congregación en su vida. El lugar era un mero Bochim, la gente generalmente (por así decirlo) se inundaba en sus propias lágrimas; y me dijo que él mismo, al salir, y tener que volver a montarse en el caballo para irse, estaba dispuesto a colgarse por un cuarto de hora del cuello de su caballo llorando, antes de que tuviera la fuerza para montar, tan extraña impresión estaba allí sobre él, y generalmente sobre el pueblo, al haber sido así reprochado por el descuido de la Biblia.

Toda la historia es bastante incomprensible sin darse cuenta de que, para el puritano, la Biblia era lo más valioso que ofrece este mundo. El puritanismo se trataba de reformar toda la vida bajo la única autoridad de la Biblia. Era algo que infundiría temor a Dios en las autoridades.

Eliminando el «papado»

El puritanismo comenzó cuando Isabel estableció la Iglesia de Inglaterra con su propio protestantismo peculiarmente inglés. Todos los protestantes estaban encantados de ver a Inglaterra recuperada de Roma, pero los que pronto serían llamados puritanos eran los que nunca se conformarían con lo que Isabel había creado. No es que quisieran dejar la Iglesia de Inglaterra; después de todo, seguía siendo la iglesia (los pocos que se marcharon en los primeros años del reinado de Isabel no se conocen generalmente como puritanos). Pero en su opinión, era una iglesia demasiado endeble cuando más, que necesitaba muchas más reformas. Muchos de ellos habían visto cómo podían ser las cosas mientras estaban exiliados de María en Suiza, y tanto como hoy los ingleses niegan con la cabeza cuando comparan su sistema de trenes con el suizo, así que los puritanos sacudieron la suya cuando compararon la Iglesia de Inglaterra de Isabel con la Ginebra de Calvino. Por ejemplo, los ministros de la Iglesia de Inglaterra todavía se llamaban sacerdotes y vestían vestiduras sacerdotales: seguramente, pensaron los puritanos, ¿no llevaría eso a la gente a pensar que estaban allí, no principalmente para enseñar, sino para ofrecer el sacrificio de la misa? La señal de la cruz todavía se usaba en el bautismo: ¿seguramente eso distrajo a la gente del verdadero significado del bautismo, convirtiéndolo en un mero ritual? Todavía se regalaba un anillo de bodas en los matrimonios de la Iglesia de Inglaterra: ¿no animó eso a la gente a pensar en el matrimonio como un sacramento, como decía Roma, con el anillo como símbolo externo? La gente todavía se arrodillaba en la comunión (para recibir, en lugar de pan, una hostia, para que nada del cuerpo de Cristo cayera al suelo): ¿no implicaba eso adorar el pan y el vino, como en la misa? ¿Y qué hay de prácticas como la confirmación? ¿Dónde estaba eso en la Biblia?

El problema era que, aunque Isabel era protestante, no le gustaba lo que llamaba «novedad» e instintivamente le gustaban las viejas costumbres (como jurar, al estilo católico, «¡Por el cuerpo de Dios!»). El tipo de cosas por las que los puritanos se retorcían, ella pensaba que eran completamente intrascendentes. En su opinión, el asunto de la religión en Inglaterra se resolvió en 1559: Inglaterra era protestante y no es necesario decir nada más. Para los puritanos, por otro lado, la idea de un «asentamiento» religioso estaba totalmente en contra de la convicción protestante fundamental de que la iglesia debe ser reformada continuamente para adecuarla más a la palabra de Dios.

Y no era solo cómo se veían las cosas un domingo. Ningún puritano podía considerar completa la obra de reforma cuando la mayoría de la población todavía tenía poca o ninguna comprensión de la justificación solo por la fe. No fue suficiente reformar el funcionamiento de la iglesia; la Reforma se trataba de transformar vidas individuales, logrando no solo un protestantismo externo, sino un evangelicalismo interno y sincero.

Reformando almas

Aunque Richard Baxter ministró casi un siglo después de esta primera generación de puritanos, todos los puritanos se habrían hecho eco de todo lo que dijo sobre este tema:

Vera Effigies
RICHARDI BAXTERI
Minifteri Jesu Chrifti

«¡Ay de mí! ¿Podemos pensar que la reforma está forjada cuando echamos fuera algunas ceremonias y cambiamos algunas vestiduras, gestos y formas? ¡Oh no, señores! es la conversión y salvación de almas lo que nos ocupa. Esa es la parte más importante de la reforma».

Y Baxter iba a ser el modelo puritano de lo que eso implicaba. Para lograr tal reforma, creía que la predicación regular no era suficiente; necesitaba pasar tiempo con las personas para asegurarse de que entendieran el Evangelio por sí mismas, aplicándolo a su situación y enseñándolas personalmente. Y así, en su parroquia de Kidderminster en la década de 1650, se dispuso a ver a todos los feligreses una vez al año, pasando aproximadamente una hora con cada familia y viendo a unas quince familias a la semana. El resultado fue asombroso: «En una palabra [¡nunca creas a un puritano cuando digan que serán breves!], Cuando llegué allí primero, había una familia en una calle que adoraba a Dios e invocaba Su Nombre, y cuando me fui, había algunas calles donde no pasaba una familia que no lo hiciera; y eso, no por profesar una piedad seria, nos dio esperanzas de su sinceridad».

El semillero de todo esto fueron las universidades, especialmente Cambridge, donde profesores influyentes como Laurence Chaderton opinaron que el objetivo principal de la universidad era proporcionar predicadores a la tierra. A los becarios de su universidad no se les permitió quedarse por mucho tiempo, porque se esperaba que salieran a buscar un púlpito. Y cuando salieron, las amistades que habían formado en la universidad fueron clave para el apoyo mutuo.

En parte debido a esas conexiones, los predicadores puritanos tendían a saber quiénes eran los otros puritanos de su vecindad; y en poco tiempo, había surgido una práctica de reunirse para lo que ellos llamaban «profecías». En estos, algunos clérigos predicaban por turnos, y luego se discutían los sermones, lo que ayudaba a los predicadores a predicar mejor y a las personas que escuchaban a beneficiarse de un mes de sermones en un día. Las profecías eran tremendamente populares: la gente viajaba kilómetros (en una época en la que viajar era lento) para disfrutar de una porción tan considerable de predicación, y las personas acomodadas a menudo hacían todo lo posible para ayudar a patrocinar los eventos, proveyendo a los predicadores de cena y vino. Y fueron enormemente significativos: aquí hubo eventos en los que la doctrina se discutió libremente con referencia a la Biblia, en lugar de transmitirse desde lo alto.

Uno de los efectos de tal libertad de discusión fue que, en la década de 1570, había crecido una generación menos tolerante a la espera de la reforma. Estaban dispuestos a tener opiniones más sólidas.

Muchos comenzaron a argumentar que la reforma real requería que cada parte de la forma en que trabajaba la iglesia debía tener una justificación bíblica directa. Podría resultar un poco absurdo: el ministro debe permanecer en un lugar durante el servicio, se argumentó, porque Pedro «se puso de pie en medio de los discípulos» (Hech. 1:15); debe haber dos servicios dominicales porque Números 28:9 habla de dos ofrendas quemadas cada sábado, y así sucesivamente. Algunos también comenzaron a preguntarse si este modelo de las profecías era cómo se debería gobernar la iglesia, con (en lugar de obispos) grupos de clérigos reunidos para decidir cómo deberían trabajar todas las iglesias en su área. En otras palabras, comenzaron a defender el presbiterianismo para la Iglesia de Inglaterra.

Tal charla, por supuesto, sonó a anarquismo para Isabel y la institución. Cuando, en 1570, Thomas Cartwright, el recientemente nombrado Profesor de Divinidad en Cambridge, dirigió una serie de conferencias defendiendo el presbiterianismo, fue rápidamente destituido de su profesorado. Seis años después, Isabel decidió poner fin a toda la amenaza de las profecías y ordenó a su nuevo arzobispo de Canterbury, Edmund Grindal, que las suprimiera. Grindal, un evangélico cabal, no podía tolerar poner un bozal a la palabra de Dios, especialmente cuando tantos se estaban beneficiando de ella, y por eso se negó. Como era de esperar, fue puesto bajo arresto domiciliario en el Palacio de Lambeth, donde permaneció, privado de cualquier poder para ayudar a los puritanos, hasta su muerte en 1583.

Su sucesor, John Whitgift, era el tipo de director dictatorial al que le gustaba la idea de que todos firmaran declaraciones de que serían buenos chicos y se adherirían al *Libro de Oración Común*, en lugar de sentirse incómodos con las partes que no les gustaban. Muchos no pudieron, por lo que fueron suspendidos de sus ministerios. Puede haber arreglado las cosas para el arzobispo, pero también empujó a los puritanos a un descontento más profundo y unido. En 1588 se inició una reacción violenta con la publicación de una serie de tratados de «Martin Marprelate» (un seudónimo que logró hacer un guiño simultáneamente en la dirección de Martín Lutero y hacer un gesto menos salado hacia los prelados [obispos]).

Los tratados eran escandalosos, acusando a Whitgift de celebrar orgías homosexuales en el Palacio de Lambeth, refiriéndose a los otros obispos como y sirvientes de Satanás, y así sucesivamente. Claramente, «Martin» había disfrutado escribiéndolos, pero semejante vilipendio nunca iba a ser muy productivo. Más que nunca, el puritanismo sería ahora asociado con la sedición y la anarquía.

La búsqueda de la prensa secreta en la que se produjeron los tratados se convirtió en una excusa para espiar la peligrosa inconformidad en el hogar de cualquier predicador puritano. En unos pocos años, entró en vigor una represión legal contra el puritanismo, con la Ley Parlamentaria Contra los Puritanos de 1593, el ahorcamiento de líderes separatistas y la colocación de muchas figuras puritanas importantes en grave peligro. Ahora era el momento de que sus enemigos los patearan mientras estaban caídos.

Entre sus enemigos más acérrimos estaban los dramaturgos. Los puritanos tenían una serie de quejas con los teatros: no solo funcionaban de muchas maneras como los burdeles de la época, sino que también estaba claro para los puritanos que los actores masculinos que interpretaban papeles femeninos (como lo hicieron, ya que no había actrices) alentarían la sodomía. Sin embargo, a los dramaturgos no les gustaba que se describieran sus obras maestras como «las mismas pompas del diablo», por lo que ahora lucharon para hacer del puritano una figura estándar de diversión en sus obras (piense en el puritano Malvolio en La duodécima noche de Shakespeare). Y, por supuesto, tal satirismo fue devorado con entusiasmo por personas que no querían que los puritanos desafiaran sus hábitos de taberna y teatro.

Fueron días oscuros para los puritanos en la última década del reinado de Isabel. Algunos lo superaron ignorando la política y avanzando con el tema real de la reforma (la reforma de las almas); otros lo soportaron sabiendo que no pasaría mucho tiempo antes de que Jacobo VI de Escocia fuera rey de Inglaterra.

El tonto más sabio de la cristiandad

Criado con una estricta dieta de haggis y calvinismo, Jacobo era la esperanza de todo puritano. Ahora, por fin, pensaban, tendrían un monarca debidamente reformado. Y lo que es más, tenía una gran educación: autor de numerosos tratados, desde condenas al tabaco y la brujería hasta obras de política y teología, seguramente apreciaría las cuestiones teológicas en juego. Entonces, cuando Isabel murió, antes incluso de que Jacobo llegara a Londres, se le presentó una petición de los puritanos, pidiendo que se hicieran varios cambios en lo que todavía veían como un libro de oraciones ligeramente «papista».

En respuesta, Jacobo pidió que se celebrara una conferencia en Hampton Court el año siguiente, 1604, en la que tanto los puritanos como aquellos felices con el libro de oraciones pudieran presentarle sus casos. Desafortunadamente para los puritanos, Jacobo estaba acostumbrado a lidiar con el estilo feroz y de no tomar prisioneros de los seguidores de John Knox en Escocia, y cuando llegó el momento, interpretó la sumisión respetuosa de los delegados puritanos ingleses en el sentido de que no tenían agravios serios. Peor aún, Jacobo sospechaba que los puritanos estaban realmente buscando una orden de la iglesia presbiteriana, que, dijo Jacobo (en su denso acento escocés) «concuerda tanto con el monarca como con Dios y el Diablo… entonces Jack, Tom, Will y Dick se encontrarán y, a su gusto, me censurarán.» Y eso, para Jacobo, era el meollo de la cuestión: la reforma estaba muy bien, pero siempre y cuando no implique socavar su autoridad divinamente dada como rey. Los puritanos se fueron sin prácticamente nada. La única idea puritana significativa que

le gustó a Jacobo fue que se preparara una nueva versión de la
Biblia. La mente de Jacobo se aceleró: por fin podría deshacerse
de esas incómodas notas marginales en la Biblia de Ginebra que
abogaban por cosas tan preocupantes como la desobediencia a
un mal rey. Y así se encargó la versión autorizada de la Biblia
King James.

Ciertamente no todo fue pesimismo para los puritanos. Al
año siguiente (1605), el fracaso del Complot Católico de la Pólvora, un complot para matar al rey y su gobierno haciendo volar
las Casas del Parlamento, hizo que la opinión nacional se ale-
jara del catolicismo y le favoreciera. Jacobo incluso comenzó a
nombrar algunos obispos puritanos con entusiasmo, dando al
puritanismo una voz influyente.

Los conspiradores del Complot de la Pólvora

Sin embargo, el hecho de que Jacobo exigiera conformidad tan
fuertemente como lo hizo Isabel fue la gota que colmó la copa
para algunos. Habían soportado transigir en el reinado de Isabel
con la esperanza de que se avecinaran tiempos mejores, pero
ahora que Jacobo estaba en el trono y cantaba la misma melodía, estaba claro que el transigir estaba allí para quedarse. Si eso
no fuera lo suficientemente malo, Jacobo a veces parecía hacer
todo lo posible para enemistarse con los puritanos. En 1618,

por ejemplo, publicó su Libro de Deportes, que declaraba que la mayoría de los deportes que no implicaban crueldad hacia los animales eran formas totalmente aceptables de pasar una tarde de domingo. La crueldad hacia los puritanos era que se requería que los ministros leyeran esto desde su púlpito. Para la mayoría de los puritanos, que en ese momento eran en general estrictos sabadistas, esto era nada menos que un desafío directo. O se negaban a leerlo en voz alta o añadían al final: «Acuérdate del día de reposo para santificarlo».

Siendo todo este el caso, durante el reinado de Jacobo se marchó un número creciente de puritanos, algunos abandonaron la Iglesia de Inglaterra y otros abandonaron la propia Inglaterra. En 1607, una congregación subió y navegó a Holanda (una opción popular), pero una fría existencia allí los hizo mirar más lejos.

Y así, en 1620, reuniéndose con algunos emigrados ansiosos en Plymouth, zarparon hacia el nuevo mundo a bordo del Mayflower. Fue una movida que atraparía la imaginación puritana: la opresión piadosa que huía de Inglaterra se parecía a Israel huyendo de Egipto; y, al igual que Israel, buscaban una tierra prometida de libertad. Allí establecerían una Nueva Inglaterra y construirían una Nueva Jerusalén. Allí crearían una sociedad completamente reformada, liberada de las cadenas del viejo mundo; sería «una ciudad en una colina», un faro para el mundo. Era una visión tan atractiva que pronto la siguieron decenas de miles.

Sin embargo, en la vieja Inglaterra, el puritanismo nunca volvería a ser una fuerza unida, sino que era cada vez más una grupos de disidentes, divididos sobre si permanecer en la Iglesia de Inglaterra y sobre un número creciente de preguntas teológicas. Y cuanta más gente se fue para disfrutar de un mayor grado de su propia idea de la pureza cristiana, más se debilitó la influencia puritana. Horrorizado por lo que se estaba convirtiendo rápidamente en un gran problema puritano, Richard Sibbes dijo: «¡Qué espectáculo gozoso es este para Satanás y su facción, ver a los que están separados del mundo caer en pedazos entre ellos! Nuestra discordia es la melodía de nuestro enemigo».

Richard Sibbes contra el peligro del moralismo

Toda la historia de la Reforma en Gran Bretaña muestra cuán fácilmente el protestantismo podría convertirse en un mero partido político. En Inglaterra era demasiado sencillo ser celosamente anticatólico sin comprender ni experimentar la gracia salvadora de Dios. Cuando casi todo el mundo iba a la iglesia, ser nominalmente protestante no era nada exigente. Y, tanto como cualquier otra cosa, fue esto lo que los puritanos lucharon al instar a la gente a una reforma personal.

Sin embargo, existía un peligro considerable para tal lucha (una que amenazaba no solo al puritanismo, sino también a su movimiento hermano en Alemania, el pietismo luterano). Es decir, el deseo de que la gente responda al evangelio podría llevar a un enfoque en la respuesta, no en el evangelio. Entonces, al buscar vidas reformadas (la señal de que una persona había respondido correctamente al evangelio), era fácil dejar que la preocupación por el crecimiento en la santidad personal eclipsara el enfoque original de la Reforma en la justificación. En otras palabras, el peligro para los puritanos era que se verían tentados a concentrarse en una vida santa en respuesta al evangelio a expensas de proclamar la gracia salvadora y gratuita de Dios.

Por lo tanto, la experiencia de muchos asistentes a la iglesia fue que escucharon muchos sermones sobre los Diez Mandamientos, pero no sabían cómo o si Dios los perdonaría alguna vez. Como resultado, actuaron como si su salvación dependiera de su santidad de vida (el problema original de Lutero). Y, cuando esto se combina con fuertes advertencias para evitar la condenación (y estas podrían ser fuertes: William Perkins «pronunciaría la palabra maldición con tanto énfasis, que dejaría un doloroso eco en los oídos de sus oyentes por mucho

tiempo»), muchos se quedan extremadamente ansiosos. El resultado, dijo Thomas Goodwin, fue que en
su preocupación por su estado espiritual, «la mente de
muchos está tan ocupada con su propio corazón, que ...

Cristo es escaso en todos
sus pensamientos». Incapaces de mirar y confiar en
la gracia gratuita de Cristo,
se vieron obligados a una
introspección mórbida,
tratando de ver si sus propios corazones se sentían
lo suficientemente buenos,
o si había alguna fe allí en
la que pudieran confiar (y
por lo tanto confiar, no en
Cristo, sino su propia fe para su salvación).

Fue aquí donde algunos de los ministerios puritanos refrescantes llegaron a la cura. Richard Sibbes es
un brillante ejemplo. Sibbes (1577–1635) se formó en
Cambridge, se convirtió en predicador en la iglesia Holy
Trinity y luego, en 1617, se convirtió en predicador del
prestigioso Gray's Inn, uno de los hoteles London Inns of
Court.

Ocupó este cargo hasta su muerte, y le sirvió como una
oportunidad para dirigirse a algunas de las figuras más
importantes de la época, muchas de las cuales gobernarían
Inglaterra en los turbulentos años venideros. En 1626,
Sibbes también fue nombrado maestro de Katharine Hall,
Cambridge (y pronto se convirtió de nuevo en predicador
de Holy Trinity). Luego, Sibbes ocupó simultáneamente
tres de los puestos más influyentes en Inglaterra, usán-
dolos para promover el mensaje del dulce evangelio de
un Dios lleno de gracia. Sin embargo, es como predicador como mejor se recuerda a Sibbes. Conocido por los

contemporáneos como el «boca de miel», el «el celestial»
Dr. Sibbes , el «dulce gotero», era el predicador evange-
lístico más eficaz de su época, tan atractivo que se decía
deliberadamente a los pecadores empedernidos que no le
oyeran, por temor a que los convertiría.

Hablando en la cultura de la introspección y la auto-
suficiencia moral, Sibbes predicó una serie de sermones
sobre Mateo 12:20 (en sí mismo una cita de Isaías 42:3),
«No quebrará la caña cascada, ni apagará el pábilo
que humeare; por medio de la verdad traerá justicia.»
(RV1960). Con el objetivo de «vendar un corazón roto», los
sermones se publicaron como *La Caña Magullada y el Lino
Humeante*, y fueron fundamentales en la conversión de al
menos otra figura puritana importante, Richard Baxter.

El versículo que Sibbes expuso se refiere, por
supuesto, a Jesús, y es una característica sorprendente
de la predicación de Sibbes lo fuertemente centrado en
Cristo que está. Y eso no es casualidad: Sibbes trató de
desviar los ojos de su audiencia de sus propios corazones
hacia el Salvador, porque «hay alturas, profundidades y
amplitudes de misericordia en él, sobre todas las profundidades de nuestro pecado y miseria». ¿Cómo es eso?
Porque, dado que «el amor de Dios descansa en Cristo, y
se agrada en él, podemos deducir que él está igualmente
complacido con nosotros, si estamos en Cristo».

Por lo tanto, la confianza cristiana en nuestro estado
espiritual no se basa en la fuerza de nuestra fe o desem-
peño, sino en «el acuerdo conjunto de las tres personas
de la Trinidad», que el Padre ama al Hijo, y es en los
méritos del Hijo, y no en los nuestros, que los cristianos
son amados. Debido a que Dios es una comunidad amo-
rosa, los cristianos pueden tener confianza.

Luego, en lugar de simplemente imponer cargas
morales a los cristianos jóvenes y en luchas, Sibbes les
mostró el atractivo de Cristo para que pudieran amarlo

de corazón. A partir de entonces, la primera tarea del cristiano es «calentarnos en este fuego de su amor y misericordia al entregarse por nosotros». Solo cuando los cristianos hacen eso, realmente dejan de pecar de corazón (mientras que cuando simplemente alteran su comportamiento no hacen nada por el pecado del corazón). En otras palabras, Sibbes creía que la solución al pecado no es el intento de vivir sin pecado, sino el evangelio de la gracia gratuita de Dios.

La *Caña Magullada* es un llamado de atención para que los ministros ministren más como Cristo, no aplastando a los débiles con cargas, sino soplando el oxígeno del evangelio sobre la mecha humeante titilante de las vidas cristianas. Significativamente, Sibbes termina *La caña Magullada* con una referencia a Lutero (por quien, dice, Dios «encendió ese fuego que el mundo nunca podrá apagar»). Sibbes parece sugerir que, incluso reformando la Reforma, el verdadero espíritu de reforma podría perderse, y todas sus dudas y ansiedades del catolicismo medieval regresan a raudales por la puerta trasera de un celoso moralismo cristiano que había perdido de vista la gracia de Dios. Para mantener esta esencia de la Reforma, Sibbes y puritanos como él buscaron enseñar y proclamar «la naturaleza y el oficio de gracia de Cristo; cuya justa presunción es la fuente de todo servicio a Cristo, y el consuelo de él ».

Empujado al punto de quiebre

Antes incluso de convertirse en rey, el hijo tartamudo de Jacobo I, Carlos, se enfrentó a una ardua batalla de relaciones públicas. En un ingenuo intento de reconciliar el protestantismo y el catolicismo, su padre había intentado casarlo con la hija católica del rey de España. La gente lo interpretó como que él deseaba que la Armada Española hubiera tenido éxito. Carlos tuvo suficiente sentido común para librarse de esa, pero en el momento en que se convirtió en rey en 1625 tomó una decisión igualmente desastrosa: casarse con la princesa francesa Enriqueta María. Y cuando llegó a Dover con un enjambre de sacerdotes católicos a cuestas, la gente solo pudo concluir que Carlos era un papista secreto.

Ciertamente, Carlos era un gran eclesiástico, y llenó la iglesia de obispos más a su gusto (el grupo de la «alta iglesia» en la Iglesia de Inglaterra despreció la Reforma, o la «Deformación», como la llamaban, construyendo deliberadamente sus nuevas iglesias en un estilo prerreforma). Incluso logró nombrar al arzobispo de Canterbury de sus sueños, el diminuto William Laud, un académico de Oxford en el que los puritanos de Cambridge nunca confiarían. Laud nunca fue un hombre capaz de conquistar a la gente; parecía reservar todas las muestras de calidez para sus gatos y tortugas gigantes. La cuestión era que ni siquiera parecía intentarlo. Cuando Carlos republicó el libro de su padre, Laud suspendió alegremente a todos los clérigos que rehusaban leerlo desde el púlpito. Pero fue el amor de Laud por la liturgia y el orden (*su* liturgia y orden) lo que realmente animó a la gente. Por ejemplo, instaló barandillas de comunión en las iglesias; y eso, según la gente, era el intento de un amante de los gatos de coartar la libertad del amado perro del hombre inglés promedio (la gente estaba bastante acostumbrada a llevar a sus perros a la iglesia), o era papista. Dado que Laud insistió en que la gente se arrodillara junto a la barandilla para la comunión, parecía lo último. Y luego estaba lo diferente que era el clero de Laud: uno puede ver cuánto habían cambiado las cosas por la confusión de una anciana en Norwich, quien, al ver a su ministro de pie en la mesa de la comunión con vestimentas escarlatas, se preguntó por qué estaba oficiando el alcalde.

Todo esto fue suficiente para provocar una resistencia popular masiva y llevar a muchos más a simpatizar con los

puritanos. Pero el aire empezó a calentarse. En 1637, tres blo-
viaters fueron arrestados y llevados ante la Cámara Estrellada,
un tribunal que parecía estar por encima de la ley. William
Prynne había criticado el estilo de vida de la reina, Enriqueta
María; Henry Burton había descrito a todos los obispos como
«hongos advenedizos»; y John Bastwicke también había criticado a los obispos de Laud. Por estos crímenes sus orejas
eran cortadas, se les estampaba con hierro caliente la cara de
Prynne y se los arrastraba por las calles de Londres hasta el
cepo, donde se esperaba, y era costumbre, que la turba les
arrojara basura. En cambio, la multitud mostró su apoyo a los
hombres. Fue ominoso, y sin embargo, no fue sorprendente:
se trataba de una generación que se crió en las historias de los
martirios bajo María la sanguinaria, todos fielmente registrados por John Foxe en su Libro de los Mártires, una obra que se
había exhibido durante mucho tiempo en todas las catedrales
y muchas iglesias. Los destinos de Prynne, Burton y Bastwicke
eran incómodamente muy similares.

A pesar de las murmuraciones, Carlos y Laud siguieron adelante. Ese mismo año, 1637, Carlos decidió que era hora de
que su reino de Escocia se alineara con Inglaterra: de ahora
en adelante, todo se haría a partir del Libro de Oraciones (modi-
ficado para ser una iglesia más alta que en Inglaterra, para
ayudar a los escoceses a ponerse al día). Desafortunadamente
para Charles, aunque Knox había estado muerto durante
más de sesenta años, su espíritu estaba vivo y coleando en
Escocia. En la catedral de St Giles, Edimburgo, tan pronto
como el obispo recién nombrado intentó leer el nuevo Libro
de Oraciones, un miembro de la congregación le arrojó su
taburete, precipitando un motín en el que el obispo tuvo la
suerte de salir con vida. En Brechin, el obispo no corría tales
riesgos: dirigía el servicio a partir del nuevo Libro de Oración
con un par de pistolas cargadas apuntando a la congregación.

El motín del Libro de Oración

Los escoceses se reunieron en un pacto (que muchos firmaron con su propia sangre), rechazaron las reformas de Carlos y, cuando dos ejércitos bastante reacios fueron enviados al norte para lidiar con su impertinencia, los derrotaron a ambos. Muchos en Gran Bretaña ahora vieron que aquí había un rey listo para librar la guerra contra su pueblo para reintroducir las costumbres papistas. Incluso estaba dispuesto a utilizar un ejército católico irlandés para hacerlo. El país pronto se vio sumergido en una guerra civil en la que el ejército de Carlos sería finalmente aplastado por los soldados puritanos de un general nato, el diputado de Cambridge, Oliver Cromwell.

«Un período nuevo y grandioso»

La guerra civil no se trataba únicamente de religión, sino, como dijo el propio Cromwell: «La religión no fue por lo que se discutió al principio, pero Dios al final los llevó a ese tema». Los puritanos vieron que aquí había una oportunidad de lograr aquello por lo que habían estado luchando desde el asentamiento de Isabel. Fue de esta época que John Milton habló cuando dijo que «Dios está decretando comenzar un nuevo y gran período en su iglesia, incluso hasta la reforma de la Reforma misma».

El juicio del rey Carlos I

De 1643 a 1649, más de un centenar de teólogos puritanos se reunieron en Westminster para escribir los documentos necesarios para la creación de una iglesia nacional nueva y debidamente reformada. Sería una iglesia sin obispos (el mismo arzobispo Laud fue ejecutado en 1645); iba a ser una iglesia presbiteriana (aunque se hizo espacio para congregacionalistas como Cromwell); iba a recibir una declaración de creencias nueva y reformada (la Confesión de Fe de Westminster) y catecismos adecuados; y el *Libro de Oración Común* fue reemplazado por el *Directorio de Adoración Pública de Westminster.*

Con la ejecución del rey en 1649 por alta traición contra el pueblo de Inglaterra, el país se veía muy diferente: no había rey, no había obispos, y el país fue gobernado primero por el Parlamento y luego por el mismo Cromwell, como «Lord Protector». Fue una época de oportunidades sin precedentes para los puritanos.

La historia es escrita por los Vicarios

La década de 1650 no solo fue una época de gran actividad pastoral por parte de los puritanos (piense en los años dorados de Richard Baxter en Kidderminster), sino que también ayudó al nacimiento de muchos de sus mayores logros académicos.

Uno de los eruditos puritanos más destacados y prolíficos fue James Ussher, un viejo amigo de Richard Sibbes y primado de toda Irlanda. En la década de 1650 publicó sus *Anales del Mundo,* una historia monumental del mundo que incluía la notoria afirmación inicial de que «el comienzo del tiempo, según nuestra cronología, ocurrió al comienzo de la noche anterior al día 23 de octubre (en el calendario juliano), 4004 AC» (una fecha inmortalizada en las notas marginales

JACOBUS USSERIUS, ARCHIEPISCOPUS ARMACHANUS.

de la Versión Autorizada de la Biblia por generaciones). Sin embargo, sería totalmente irrazonable descartar a Ussher como un excéntrico ingenuo. La opinión de los eruditos del siglo XVII (compartida por científicos como Kepler y Newton) estaba bastante contenta con la idea de que la fecha de creación pudiera fijarse en algún lugar cercano al 4000 AC. Como dijo el profesor Stephen Jay Gould de Harvard (aunque estaba totalmente en desacuerdo con él): «Ussher representó lo mejor de la erudición en su tiempo». Es simplemente que, en ese momento, la mayoría de los académicos sostenían una asunción diferente a la de los burladores de Ussher, que la Biblia es un documento fuente confiable de información cronológica.

Es necesario superar esa barrera, porque Ussher no trataba simplemente de calcular la fecha de creación. Los *Anales* son un intento fundamental de hacer una historia completa del mundo hasta el año 70 d.C., incorporando todas las fuentes históricas disponibles. Esta erudición puede ser anticuada hoy, pero era del orden más alto de la época, y los poderosos tomos que escribieron Ussher y sus colegas académicos fueron el fruto maduro del «gran período» del puritanismo.

Algo que evidenció cuán diferente era la nueva república (o «Commonwealth») de Inglaterra de cómo habían sido las cosas fue su extraordinario grado de tolerancia religiosa. Ahora que diferir abiertamente de la la Iglesia de Inglaterra era fomentado, una gran cantidad de sectas diferentes surgieron. Inglaterra se convirtió en un lugar de «mero protestantismo», con diferencias en una amplia gama de cuestiones teológicas ahora aceptables. Además, por primera vez en casi cuatrocientos años, se permitió que los judíos regresaran a Inglaterra (la idea era que se pudieran convertir, la conversión de Israel precipitaría la Segunda Venida, pero se les permitió adorar libremente).

Sin embargo, sí significó que Inglaterra en la década de 1650 acogió a una horda de grupos radicales. Estaban los Quakers (con su énfasis en la «luz interior» en oposición a la palabra exterior); los Muggletonianos (cuyo profeta, John Reeve, enseñó que solo Jesús era Dios, lo que significa que cuando murió en la cruz, Moisés y Elías se vieron obligados a dirigir el universo durante tres días); y, entre otros, los Ranters (para quienes el pecado era una ilusión, ya que «para los puros todo es puro» [Tito 1:15]).

Fueron los Ranters en particular, con su defensa del adulterio y sus demostraciones públicas de desnudez y extática blasfemia, quienes resultaron tan útiles para los críticos de la iniciativa puritana del Commonwealth. ¿Era así como lucía el ser «totalmente reformados»?

Sin embargo, lo que principalmente comenzó a poner a la gente en contra del gobierno puritano fue su intento de imponer un comportamiento cristiano estricto a una nación. Los teatros estaban cerrados; el adulterio se convirtió en delito capital; jurar (simplemente decir «por mi vida») podría merecer una multa considerable; se respetó el día de reposo (haciendo ilegal cualquier «caminar al extranjero», excepto ir a la iglesia); y los días festivos «supersticiosos», como la Navidad, fueron abolidos y reemplazados por días de ayuno mensuales. Cuando se podía encontrar soldados patrullando Londres el día de Navidad, inspeccionando sumariamente las casas para retirar la carne que se estaba cocinando, no es de extrañar que la gente se desconcertara. A los ciudadanos comunes, independientemente de su estado espiritual, se les hacía vivir como si fueran «los piadosos», y no podían soportarlo. Fue una experiencia que empañaría el puritanismo para siempre en la mente inglesa, y la gente comenzó a añorar las formas fáciles de un gobierno «alegre».

El monarca alegre

No pasó mucho tiempo antes de que la gente quisiera un rey de nuevo. Le habían ofrecido a Cromwell la corona (la cual había rechazado), y cuando murió en 1658, la falta de un sucesor capaz significó que se apresuraron a ofrecérsela a Carlos, el hijo del rey que habían ejecutado.

Carlos II, que fue proclamado rey en 1660, era todo lo contrario de todo lo que Inglaterra había visto durante la última década. El «monarca alegre», como se le conoció, parecía tener tantas amantes como perros de raza Spaniel; ciertamente se las arregló para producir catorce hijos ilegítimos con tan solo siete de ellas. Bajo la Commonwealth, el adulterio había sido un crimen capital; bajo Carlos era la castidad lo que ahora era castigada, con desprecio. Y (¿se atreve uno a decirlo?) Carlos era muy arrogante sobre las diferencias teológicas, siendo, en todo caso, un católico romano de corazón (ciertamente se convirtió al catolicismo romano en su lecho de muerte).

En este ambiente, la reacción contra el puritanismo fue popular y salvaje. En 1662 se volvió a imponer el *Libro de Oraciones*; y ahora, para poner fin a los argumentos de una vez por todas, el clero se vio obligado a declarar que no contenía nada contrario a la palabra de Dios y que, como resultado, no se apartarían de ella en sus iglesias. Una quinta parte de ellos, unos dos mil, se negaron y fueron expulsados de sus ministerios. Luego, con el fin de impedirles cualquier ministerio posterior, en 1664 la Ley del Conventículo prohibió las asambleas religiosas de más de cinco personas fuera de la Iglesia de Inglaterra. Al año siguiente, la Ley de las Cinco Millas les impidió ir a cinco millas de cualquier «ciudad o pueblo corporativo o municipio» donde habían ministrado antes. El puritanismo estaba siendo amordazado legalmente.

Sin embargo, los ministerios puritanos continuaron. Algunos clérigos expulsados lograron reasignarse a otros lugares. Luego, hubo lugares (por ejemplo, en Midlands, donde está Birmingham hoy) que estaban a más de cinco millas de cualquier «ciudad o pueblo corporativo o distrito», y estos se convirtieron en bastiones inconformistas. Otros pastores puritanos simplemente desafiaron las consecuencias. Cuando, por ejemplo, en 1665 y 1666, Londres sufrió un brote de plaga y un incendio en toda la ciudad, muchos de ellos se quedaron ilegalmente con sus congregaciones que sufrían para ministrarles (y advertirles del pecado, esa «plaga de plagas», y el fuego eterno que debe sobrevenir). Como resultado de tal infracción directa de la ley, la persecución se hizo más intensa y unos veinte mil puritanos fueron enviados a prisión durante los siguientes veinte años. En Escocia lo pasaron peor: se impuso la pena de muerte por tal predicación ilegal, y se utilizó la tortura de manera liberal para perseguir a los sospechosos.

Sin embargo, a pesar de estas tardías floraciones en el árbol del puritanismo, El régimen de Carlos II atacaba sus raíces, con un efecto fulminante. No fue solo el amordazamiento de los predicadores; pronto se hizo ley que los cargos públicos solo podían ser ocupados por anglicanos y que solo los anglicanos podían ir a la universidad. No fue solo que la medida convirtió a los inconformistas en ciudadanos de segunda clase, incapaces de avanzar e influir socialmente; el verdadero problema para ellos era que Cambridge y Oxford habían sido los seminarios y campos de entrenamiento puritanos. Con la siguiente generación excluida en gran medida de tal formación, los hombres de calibre teológico se extinguieron, dejando al puritanismo como un movimiento cada vez más superficial que no volvería a ser tomado en serio. El puritanismo, después de todo, había sido un movimiento relacionado con las palabras (y la palabra de Dios), por lo que cuando los puritanos dejaron de ser educados, el músculo del movimiento se consumió. Peor aún, sin fuertes lazos con las amarras bíblicas, a lo largo de los años que siguieron, muchos se vieron alejados de la creencia en conceptos básicos cristianos como la Trinidad.

Debido a que tuvo una muerte tan lenta, es difícil decir exactamente cuándo terminó la era puritana. No hubo cataclismo final, ni resistencia final. Todavía había evangélicos en la Iglesia de Inglaterra, pero tantos habían sido expulsados, amordazados y reprimidos que el antiguo movimiento se encontró cada vez más disperso y sin líderes, hasta que en 1700 ya nadie hablaba mucho de «puritanos». Para entonces, la gente hablaba con desdén de los «disidentes», un grupo de segunda clase, impotente y condenado al ostracismo, que era fácilmente descartado. Pero en otro sentido, si el puritanismo se trataba de «la reforma de la Reforma», preguntar cuándo terminó la era puritana es preguntar cuándo (o si) terminó la Reforma. Ésa es la cuestión a la que nos referiremos a continuación.

Un hombre con una gran carga sobre la espalda

Quizás el prisionero puritano más famoso en las décadas de 1660 y 1670 fue John Bunyan, quien languideció  en la cárcel durante unos doce años por predicar ilegalmente. Sin embargo, logró utilizar su tiempo allí para concebir lo que es casi con certeza el mayor clásico literario puritano: El progreso del peregrino. El progreso del peregrino es una alegoría sobre cada cristiano (viajando desde la Ciudad de la Destrucción a la Ciudad Celestial), pero es particularmente un reflejo de la propia experiencia de Bunyan. Un artesano de oficio, Bunyan estaba acostumbrado a viajar de pueblo en pueblo con un yunque de 60 libras y un pesado juego de herramientas en su espalda: se convirtió en un modelo para la gran carga de pecado que su peregrino lleva sobre su espalda (hasta que llega a la cruz y se «suelta de sus hombros» para su enorme alivio).

En prisión, Bunyan también escribió directamente sobre su propia conversión en *Gracia Abundante para el Mayor de los Pecadores*. Nos da un ejemplo personal muy esclarecedor del moralismo introspectivo que luchó Richard Sibbes, y de lo que Bunyan encontró que era la respuesta. En él, Bunyan describe cómo se desesperaría, en su juventud, cuando pensaba en el cielo y el infierno, creyendo que era «demasiado tarde para velar por el cielo; porque Cristo no me perdonará ». Cuando trató de hacerlo mejor, dijo: «Mi paz entraba y salía, a veces veinte veces al día; consuelo ahora, y problemas en el presente».

Pero un día, mientras pasaba por el campo, y también con algunos golpes en mi conciencia, temiendo que aún no todo estuviera bien, de repente cayó sobre mi alma esta sentencia: Tu justicia está en los cielos; y pensé que, con los ojos de mi alma, vi a Jesucristo a la diestra de Dios; allí, digo, está mi justicia; de modo que dondequiera que estuviera, o cualquier cosa que estuviera haciendo, Dios no podía decir de mí, Él quiere mi justicia, porque eso estaba justo delante de Él. También vi, además, que no fue mi buen estado de ánimo lo que mejoró mi justicia, ni mi mal estado de ánimo lo que empeoró mi justicia; porque mi justicia fue el mismo Jesucristo, el mismo ayer, hoy y por los siglos (Heb. 13:8). Ahora mis cadenas se cayeron de mis piernas, fui liberado de mi aflicción y mis grilletes, mis tentaciones habían huido; de modo que, a partir de ese momento, esas espantosas escrituras de Dios dejaron de preocuparme ahora; ahora me fui también a casa regocijado, por la gracia y el amor de Dios.

Fue este mensaje el que impregnó toda la predicación de Bunyan, una predicación que, aparentemente, fue de tan alto orden que cuando Carlos II se refirió a él como «ese parloteador analfabeto» en presencia del ex vicerrector de la Universidad de Oxford, John Owen, el erudito respondió: «Por favor, su majestad, si pudiera poseer las habilidades de predicador de ese calderero, con mucho gusto renunciaría a todo mi aprendizaje».

Notas

1 Edmund Morgan, *La familia Puritana: Religión y Relaciones Domésticas en la Nueva Inglaterra del siglo XVII* (Harper Perennial, 1966), pág. 16.

7 ¿Ha terminado la Reforma?

«El primer y más agudo tema de controversia entre nosotros»

Así, Calvino describió la doctrina de la justificación en su respuesta al cardenal Sadoleto. No podría haberlo dicho con mayor precisión, porque, desde el momento en que Lutero entendió de Romanos 1 que la justicia de Dios es un don totalmente inmerecido, la justificación fue el asunto de la Reforma. «Nada en este artículo puede ser abandonado o comprometido», escribió Lutero, «incluso si el cielo, la tierra y las cosas temporales fueran destruidas». Es la creencia, dijo, «sobre la que la Iglesia se sostiene o cae». No todo el mundo entendió o compartió esto: hombres como Erasmo pensaban que la reforma podía ser una simple limpieza moral; los radicales lo tomaron como una simple revuelta contra las viejas costumbres; Zwinglio acaba de abrir la Biblia, pero no realmente para encontrar allí la idea de justificación de Lutero; y algunos, como Martin Bucer y Richard Baxter, entendieron la justificación de manera diferente. Sin embargo, la experiencia de Lutero con Romanos 1 iba a ser el modelo para la reforma principal: a través de la Biblia, se descubrió la cuestión esencial de la justificación. La justificación fue lo que hizo de la Reforma la Reforma.

Para aquellos que aceptaron que Dios declara libremente que los pecadores son justos, la justificación era una doctrina de consuelo y gozo. Como dijo William Tyndale, *«Evangelion* (que llamamos el evangelio) es una palabra griega que significa buenas nuevas, alegres, buenas y jubilosas noticias, que alegran el corazón de un hombre y lo hacen cantar, bailar y saltar de gozo.» El mismo Lutero sintió que por ella había «nacido de nuevo por completo y había entrado en el paraíso mismo por puertas abiertas». Y no es de extrañar: el hecho de que él, un pecador fracasado, fuera perfectamente amado por Dios porque estaba revestido de la misma justicia del Cristo mismo, le dio una deslumbrante confianza.

> Cuando el diablo nos arroja nuestros pecados y declara que merecemos la muerte y el infierno, debemos hablar así: «Admito que merezco la muerte y el infierno. ¿Y qué? ¿Significa esto que seré condenado a la condenación eterna? De ninguna manera. Porque conozco a Uno que sufrió e hizo satisfacción en mi lugar. Su nombre es Jesucristo, el Hijo de Dios. Donde él esté, allí estaré yo también».

Esta reacción feliz y sincera a la justificación se puede sentir en la música de la Reforma. Tomemos, por ejemplo, la tradicional «Hosanna», cantada en la misa. En 1555, Palestrina, entonces casi el músico oficial de Roma, escribió una nueva partitura para la «Hosanna» en su misa para el Papa Marcelo. Escucharla es escuchar la espiritualidad de la Contrarreforma de Roma: es música exquisita, pero hay algo cerebral y obediente en la entonación de las hosannas por parte del coro. Ciento noventa años

después, Johann Sebastian Bach, un luterano ardiente hasta los dedos de los pies, escribió su versión de la «Hosanna», y la diferencia es chocante. Se puso música exactamente a la misma pieza, pero en las manos luteranas de Bach, tiene una resonancia completamente diferente: ahora los hosannas están cantados con un entusiasmo y una alegría inconfundibles e ilimitados. Tal fue el efecto natural de creer en la doctrina de la justificación de Lutero.

Pero, ¿qué hay de los de Roma? ¿Cómo respondieron a la enseñanza de Lutero sobre la justificación? Dadas todas las piras encendidas y las bulas de excomunión enviadas, la respuesta

puede parecer bastante obvia. En cuanto a los hechos, sin embargo, la reacción fue bastante heterogénea. Durante los primeros veinte años de la Reforma hubo un grupo importante de eruditos y clérigos en Italia que simpatizaron razonablemente con ella.

Uno de sus protagonistas fue un noble veneciano nacido el mismo año que Lutero, el cardenal Gasparo Contarini. Contarini había tenido un momento «eureka» muy parecido al de Lutero, ¡solo varios años antes que él! El día anterior a la Pascua de 1511, llegó a comprender cómo la justicia de Cristo podía ser «dada e imputada a nosotros, como injertados en Cristo y revestidos de Cristo». Como resultado, argumentó que deberíamos confiar «en la justicia de Cristo dada e imputada a nosotros, y no en la santidad y la gracia que es inherente a nosotros».

Sin embargo, Contarini no había leído tanta teología como Lutero, y no vio las implicaciones de su descubrimiento para la misa, la creencia en el purgatorio, etc. Además, con bastante dulce ingenuidad, pensó que simplemente había descubierto la verdadera enseñanza del catolicismo romano y, en consecuencia, nunca reprendió a Roma, sino que pasó su vida tratando de reconciliar el sistema católico romano con su propia comprensión de la justificación.

Con esta creencia en su lugar, Contarini supuso que Roma y los reformadores podrían reconciliarse con bastante facilidad. Era, entonces, el hombre perfecto para que el papa lo enviara cuando, en 1541, se organizó una conferencia para reunirse en Ratisbona, donde se esperaba que católicos y evangélicos pudieran poner fin al cisma. Para su gran deleite, se las arreglaron para llegar a una declaración consensuada sobre la justificación. ¡Un logro asombroso! Los pecadores son justificados por la fe, sostuvo la declaración. Eso satisfizo a los evangélicos presentes. Sin embargo, explicó, que la fe debe estar activa en el amor. Eso satisfizo a los católicos.

Sin embargo, no estaba claro: ¿la declaración significaba que solo con obras de amor la fe alcanzaría la justicia de Cristo? Si bien Lutero y Calvino fueron enfáticos en que la verdadera fe salvadora siempre produciría tales obras de amor, fueron igualmente enfáticos en que tales obras eran la consecuencia, y no la causa, de la justificación. Hacer esa distinción fue el corazón de aquello por lo que lucharon y, sin embargo, esta declaración siguió siendo ambigua, permitiendo a católicos y evangélicos leerla de maneras totalmente contrarias.

El católico podría leerlo en el sentido de que ser amoroso es necesario para ser justificado; el evangélico podría leerlo en el sentido de que el amor es el fruto necesario de una fe sola que salva. Entonces, a pesar de la redacción acordada, cada parte quería decir cosas diferentes con ella y, por lo tanto, nunca llegó a constituir un acuerdo real. Lutero, que no pudo estar presente, rechazó la declaración como un mosaico desordenado de teologías (como hizo el papa) y resopló su frustración por su lenguaje escurridizo: «Las Sagradas Escrituras y el mandamiento de Dios no son por naturaleza ambiguos».

La falta de consenso se hizo cada vez más clara y la conferencia de Ratisbona pronto se rompió. Angustiado, Contarini murió bajo arresto al año siguiente, sus esperanzas de una reunión se hicieron añicos cuando el ambiente en Roma se volvió rápidamente en contra de cualquier forma de tolerancia hacia la Reforma. Cuatro años más tarde, en 1545, el papa convocó el Concilio de Trento, una gran asamblea de la Iglesia Católica Romana destinada a establecer su posición de una vez por todas.

El Concilio de Trento

Desde Trento sonó la voz de Roma, ya no ambigua, sino fuerte, clara y melosa. Primero, rechazó el principio de la Reforma de sola Scriptura (Escritura sola), afirmando que se debe dar igual lealtad tanto a las Escrituras (ahora se dice que definitivamente incluyen los apócrifos) como a las tradiciones orales de lo que Cristo y los apóstoles habían enseñado acerca de la fe y moralidad. Con este fundamento en su lugar, procedió a definir la justificación como «no solo la remisión de los pecados, sino también la santificación y renovación del hombre interior».

No podría haber sido más claro: donde los reformadores sostuvieron que la justificación era una declaración divina de que al pecador, aunque todavía era pecador, se le había dado la condición de justo de Cristo, Trento vio la justificación como el proceso de volverse más santo y, por lo tanto, más digno personalmente de la salvación. Para garantizar que no hubiera absolutamente ninguna confusión, Trento luego pronunció una serie de anatemas contra lo que definió como puntos de vista heréticos sobre la justificación. Por ejemplo:

Canon 9: Si alguien dice que el pecador es justificado solo por la fe.. sea anatema [condenado eternamente].

Canon 11: Si alguno dice que los hombres son justificados, ya sea únicamente por la imputación de la justicia de Cristo o únicamente por la remisión de los pecados, con exclusión de la gracia y la caridad que el Espíritu Santo derrama en sus corazones y permanece con ellos, o también que la gracia por la cual somos justificados es solo la buena voluntad de Dios, sea anatema.

Canon 12: Si alguien dice que la fe que justifica no es otra cosa que la confianza en la misericordia divina, que perdona los pecados por amor de Cristo. . . sea anatema.

Canon 24: Si alguno dice que la justicia recibida no se conserva y tampoco aumenta ante Dios por las buenas obras, sino que esas obras son simplemente los frutos y las señales de la justificación obtenida, pero no la causa del aumento, sea anatema.

Como era de esperar, a partir de aquí Trento pasó a armar toda la antigua teología social de los sacramentos, el purgatorio, las indulgencias, el sacerdocio, etc. También estipuló una serie de reformas prácticas (como tener un seminario en cada diócesis) para que la Iglesia Católica Romana pudiera ser una versión más pura y más fuerte de lo que siempre había sido.

Ignacio de Loyola, fundador de los jesuitas, las tropas de asalto de la Contrarreforma.

Alentado por Trento, el catolicismo romano en la segunda mitad del siglo disfrutó de su propio momento de renovación: la corrupción fue erradicada, se establecieron nuevas y recién devotas órdenes de monjes y monjas, y los misioneros católicos viajaron hasta los confines de la tierra. Sin embargo, los días de Contarini y la reconciliación se habían ido, y aunque Roma quedó limpia, en sus creencias sobre la salvación permaneció tan lejos de la Reforma como siempre.

Cuatrocientos años después ...

A finales del siglo XVI, todo protestante sabía que el papa era el anticristo, y en las regiones católicas de Europa, «Lutero» era un nombre popular para los cerdos. ¡Qué diferentes son las cosas hoy! Ahora, en el siglo XXI, católicos y protestantes cooperan de manera rutinaria, uniendo los brazos para enfrentar como una sola las amenazas comunes del secularismo, el relativismo, el ateísmo, el Islam, etc. De hecho, los evangélicos de hoy a menudo encuentran que tienen más en común con los católicos romanos que con los protestantes liberales en sus propias denominaciones. Más aún, los retiros doctrinales del protestantismo han hecho que la constancia de Roma en una época de cambios sea profundamente atractiva para muchos. Al explicar por qué se había convertido al catolicismo romano, G. K. Chesterton escribió: «Es lo único que libera a un hombre de la degradante esclavitud de ser un niño de su edad». ¡De lanzar anatemas a tomarse de la mano! No es de extrañar que la reunión de Roma y el partido de la Reforma se considere ahora como algo casi alcanzable.

Pero, ¿qué tan cerca están el catolicismo romano y el evangelicalismo hoy en día? Sorprendentemente cerca, según el profesor Mark Noll y Carolyn Nystrom en su libro *¿Ha Terminado la Reforma?* Como prueba se refieren a una encuesta de 1996 realizada para medir la presencia del evangelicalismo en Canadá y Estados Unidos. Los encuestados fueron marcados como evangélicos si estaban de acuerdo con cuatro declaraciones: que la Biblia es «la palabra inspirada de Dios»; que «he entregado mi vida a Cristo y me considero un cristiano convertido»; que «es importante animar a los no cristianos a convertirse en cristianos»; y que «a través de la vida, muerte y resurrección de Jesús, Dios proporcionó un camino para el perdón de mis pecados». Sobre esa base, un porcentaje significativo de católicos romanos fueron etiquetados como «evangélicos». De hecho, una cuarta parte de estos «evangélicos» canadienses eran católicos romanos, mientras que la mitad de los católicos estadounidenses entrevistados obtuvo tres de cada cuatro. Nada de esto iba a ofender a los católicos: un buen número ya se refería a sí mismo como «evangélico» .1

El problema con la encuesta, sin embargo, fue que no planteó ninguno de los problemas de la Reforma. En el siglo XVI, ambos lados de la dividida Reforma (excepto, quizás, para algunos de los radicales) felizmente habrían estado de acuerdo con esas declaraciones y se hubieran etiquetado como «evangélicos». La inspiración de la Biblia, el compromiso con Cristo, la misión y la provisión de salvación de Dios a través de Jesús nunca fueron puntos de discordia. De manera similar, la alegría que muestran Noll y Nystrom cuando revelan el acuerdo moderno entre católicos y evangélicos sobre cosas como la Trinidad y la persona de Cristo parece igualmente fuera de lugar. Si bien, por supuesto, todos los cristianos deberían regocijarse de que no haya desacuerdos allí, el hecho es que nunca hubo ninguno. El acuerdo sobre tales cuestiones no indica que nada haya cambiado desde la Reforma.

La Reforma fue, fundamentalmente, sobre la justificación; fue el punto de vista de los reformadores sobre la justificación, como se descubrió en la Biblia, lo que dio forma y controló casi todos los aspectos de su desacuerdo con Roma. Por lo tanto, si la Reforma realmente terminó, la razón principal debe ser que ambas partes han llegado a un acuerdo sobre la justificación.

Noll y Nystrom argumentan que esto, en efecto, ha sucedido y que «muchos católicos y evangélicos ahora creen aproximadamente la misma cosa» acerca de la justificación.[2] Ciertamente, hay mucho que decir sobre esta sorprendente afirmación. Muy al margen del amplio espectro de puntos de vista sostenidos por los laicos católicos, hoy en día hay una serie de teólogos católicos influyentes preparados para sonar notablemente como Lutero en lo que respecta a la justificación. Por ejemplo, El padre Joseph Fitzmyer, S.J., en su comentario sobre Romanos, niega que la justificación sea un proceso de volverse más santo (la visión católica tradicional); en cambio, argumenta, implica que la justicia de Cristo se atribuye a un pecador por gracia. La mandíbula de Lutero estaría en el suelo.

Dicho esto, existe una clara distinción en el catolicismo romano entre las opiniones privadas de los individuos (quienes pueden caer en error) y la opinión oficial de la Iglesia misma. Las opiniones de los individuos no tienen autoridad en sí mismas, y la historia del catolicismo romano hasta el presente está llena de teólogos reprendidos por sus puntos de vista.

La pregunta, entonces, es: ¿ha cambiado la enseñanza católica oficial desde los días de aquellos anatemas en auge en Trento? Noll y Nystrom parecen afirmarlo: «Si es cierto, como una vez lo repitieron con frecuencia los protestantes conscientes de su anclaje en Martín Lutero o Juan Calvino, eso. . . la justificación es el artículo sobre el que la Iglesia se sostiene o cae. . . entonces la Reforma ha terminado».[3] ¿De dónde viene tanta confianza? El Día de la Reforma (31 de octubre, cuando Lutero clavó sus noventa y cinco tesis) de 1999, la Iglesia Católica Romana y la Federación Luterana Mundial firmaron la Declaración Conjunta sobre la Doctrina de la Justificación, afirmando que «las iglesias luteranas suscritas y la Iglesia Católica Romana ahora podemos articular un entendimiento común de nuestra justificación». En esta etapa, Lutero estaría sufriendo un infarto importante. Y todavía. Bajo el microscopio, la Declaración Conjunta se parece más al acuerdo de Ratisbona por el que había trabajado Contarini. Al igual que en Ratisbona, la fe que justifica se describe como una fe que debe estar activa en el amor. Y, al igual que en Ratisbona, precisamente no se examina de cerca lo que eso significa. En general, al leer la Declaración Conjunta, es bastante difícil saber lo que se dice, y uno tiene la impresión de que las palabras se utilizan para tapar las grietas en lugar de dar claridad. Lo que está claro es la falta de insistencia de la Reforma en que nuestra posición ante Dios no depende de nuestro crecimiento en santidad personal. La justificación se describe como «el perdón de los pecados» y «la liberación del poder dominante del pecado». Pero eso no se parece en nada a la definición de justificación de la Reforma. Declaración Conjunta puede ser, el telón de la Reforma no es.

Una manera más fácil de determinar con precisión cuál es la enseñanza católica oficial sobre la justificación hoy en día, es mirar el *Catecismo de la Iglesia Católica*, una exposición de la fe católica romana que lleva el sello de autoridad del Papa Juan Pablo II. Esto aprueba la definición del Concilio de Trento: «La justificación no es solo la remisión de los pecados, sino también la santificación y renovación del hombre interior». Luego continúa explicando: «La justificación *separa al hombre del pecado*, el cual contradice el amor de Dios, y purifica su corazón de pecado». Dado que según esta definición la justificación incluye nuestro crecimiento en santidad, el Catecismo está totalmente en lo correcto al concluir que entonces podemos merecer la vida eterna.

Con total coherencia, el Catecismo también afirma la creencia en el purgatorio y las indulgencias, signos seguros de que la doctrina católica tradicional de la justificación está funcionando.

Tales doctrinas simplemente no se pueden cuadrar con una comprensión reformadora de la justificación, porque si, como argumentó Lutero, se me otorga el estado justo de Cristo sin que ese estado dependa de ninguna manera del estado de mi corazón o de mi vida, entonces no hay lugar para un purgatorio donde me hagan más digno del cielo, o indulgencias que me apresuren allí.

Sin duda, ha habido algo de cambio en Roma, especialmente desde la década de 1960, pero con respecto a las cuestiones teológicas que causaron la Reforma, no se ha rescindido ninguna doctrina. El punto de vista de Roma sobre la justificación sigue siendo tal como se declaró en Trento, al igual que su creencia de que (como dice el Catecismo) «La Escritura y la Tradición deben ser aceptadas y honradas con sentimientos iguales de devoción y reverencia». La unidad de los cristianos debe ser aplaudida, también debe reconocerse que, tal como están las cosas, la Reforma no ha terminado.

«Tú has vencido, oh pálido Erasmo; el mundo se ha vuelto gris por tu aliento»

La sugerencia de que los temas de la Reforma podrían estar todavía vivos nos incomoda. La mayoría de los cristianos de hoy preferirían decir con Samuel Johnson: «Por mi parte, señor, creo que todos los cristianos, ya sean papistas o protestantes, están de acuerdo en los artículos esenciales y que sus diferencias son triviales y más políticas que religiosas». Y no es solo que lamentamos las continuas divisiones en la Iglesia; nuestra reacción revela algo en nosotros que es, quizás, más importante que las relaciones entre protestantes y católicos.

Para los oídos modernos, los debates de la Reforma suenan a guerras bastante perspicaces por las palabras. Preguntamos, ¿realmente vale la pena discutir sobre si la justificación es por fe (como acordó Roma) o solo por fe (como insistieron los reformadores)? ¡Vamos a luchar por una palabra! ¿Seguramente eso puede interesar solo a aquellos con la más punzante de las sensibilidades doctrinales? En cuanto al lenguaje fuerte utilizado en esos debates, suena estridente y poco amoroso en nuestros días. ¿Y sugerir que esos debates son igualmente relevantes ahora? Hagamos también campaña para la reintroducción de la quema en la hoguera, así de atrasado y cruel suena.

En el siglo XXI, no confiamos en «meras» palabras. Son las armas de manipulación, las herramientas de giro que se utilizan para coaccionarnos. Tenemos mejores cosas que hacer que elegir palabras. Somos tolerantes. El espíritu de la Reforma que reemplazó el altar con el púlpito como el punto focal de cada iglesia se ha ido. ¿Un púlpito? El solo pensarlo nos parece autoritario y manipulador. ¡Cómo ha conquistado Erasmo! Como vimos en el capítulo 4, fue él quien dijo: «La suma de nuestra religión es la paz y la unanimidad, pero estas difícilmente pueden sostenerse a menos que definamos lo menos posible». En pocas palabras, no nos gusta la precisión teológica, porque causa división sobre temas que, sentimos instintivamente, no son los más relevantes.

Lutero, por supuesto, respondió sin rodeos a Erasmo: «Tú con tu teología pacífica. No te importa la verdad».

Quizás eso fue un poco duro, y los gritos de todos esos mártires, luteranos, calvinistas, anabautistas y católicos, nos sugieren que un poco más de tolerancia en el siglo XVI podría no haber sido algo malo, pero son palabras que capturan el efecto sorprendente que la Reforma tiene en nosotros. Porque, al mirar la historia de la Reforma, nos vemos obligados a preguntar: ¿hay creencias por las que valga la pena morir? Todos esos mártires sufrieron en vano si aquello por lo que murieron fue falso o irrelevante. Por supuesto, podrían haber estado equivocados (y cada lado de la división de la Reforma habría estado de acuerdo en que los mártires del otro lado estaban equivocados), pero sus destinos exigen más que un descarte frívolo.

Pero quizás lo que realmente está sucediendo es que relegamos los problemas debido a una inmensa suposición cultural de que no son realmente ciertos. Porque no eran preocupaciones pequeñas que se debatían: ¿Qué me pasará cuando muera? ¿Cómo puedo yo saber? ¿Es la justificación el regalo de un estado justo (solo por la fe), o un proceso para volverse más santo (por la fe)? En cuyo caso, ¿puedo depender confiadamente solo en Cristo con respecto a mi salvación, o mi salvación también descansa en mi propia santidad? Lo que está en juego es mucho más que una inquietante preocupación por poner puntos en la «i» y cruzar la «t» de la doctrina.

Lo que es tan preocupante de la indiferencia de Erasmo hacia la doctrina es su efecto encarcelador y corrosivo. Erasmo solo fue capaz, y solo quiso, de limpiar el sistema en el que estaba. Podía dispararle a los malos papas y desear que la gente fuera más devota, pero como no estaba dispuesto a involucrarse en cuestiones doctrinales más profundas, nunca podría producir más que cambios cosméticos. Estaba condenado a permanecer siempre prisionero de donde estaba la iglesia. Y así debe ser en un mundo conquistado por él. Mientras se ignore la doctrina, debemos permanecer cautivos del sistema gobernante o del espíritu de la época, cualquiera que sea.

Tener una Biblia, pero sin evangelio

Sin embargo, ¿todo esto es justo para Erasmo? ¿No fue él quien hizo disponible el Nuevo Testamento griego, proporcionando así las brasas para la Reforma? Ciertamente lo hizo, y sin embargo, su posesión de las Escrituras (y su profundo estudio de ellas) cambió poco para el hombre mismo debido a cómo las trató. Enterrándolos bajo convenientes afirmaciones de su vaguedad, otorgó a las Escrituras poca autoridad práctica, y mucho menos gobernante. El resultado fue que, para Erasmo, la Biblia era solo una voz entre muchas, por lo que su mensaje podía entallarse, exprimirse y ajustarse para adaptarse a su propia visión de lo que era el cristianismo.

Para romper con ese sofocante plan y lograr una reforma sustancial, se necesitó la actitud de Lutero de que las Escrituras son el único fundamento seguro para la fe (sola Scriptura). La Biblia tenía que ser reconocida como la autoridad suprema y permitirle contradecir y anular todas las demás afirmaciones, o de lo contrario sería anulada y su mensaje pirateado. En otras palabras, una simple reverencia por la Biblia y el reconocimiento de que tiene cierta autoridad nunca habría sido suficiente para provocar la Reforma. Sola Scriptura fue la clave indispensable para el cambio.

Sin embargo, no se trataba solo de la autoridad de la Biblia; la razón por la que Lutero inició la Reforma, y Erasmo no, fue la diferencia en lo que ellos vieron como el contenido de la Biblia. Para Erasmo, la Biblia era poco más que una colección de exhortaciones morales, instando a los creyentes a ser más como Cristo, su ejemplo. Para Lutero, este punto de vista puso al evangelio de cabeza: su optimismo mostraba su total ignorancia de la gravedad del pecado. Como él lo vio, lo que los pecadores necesitan, ante todo, es un salvador; y en la Biblia hay, ante todo, un mensaje de salvación. Como se lamentó Richard Sibbes, un siglo después de Lutero, era muy fácil perder ese enfoque controlador en Cristo y su don de la justicia, y sin embargo, ese era el corazón de la verdadera reforma. Por más que la Biblia fuera abierta, sin el mensaje del regalo gratuito de la justicia de Cristo, no podría haber Reforma.

De regreso al futuro

Cuanto más de cerca se mira, más claro se vuelve: la Reforma no fue, principalmente, un movimiento negativo, acerca de alejarse de Roma; fue un movimiento positivo, de avanzar hacia el evangelio. La pura reacción negativa fue un sello distintivo de ciertos radicales, pero no lo principal de la Reforma. Desafortunadamente para nosotros los modernos, obsesionados con la innovación, eso significa que no podemos simplemente incluir la Reforma en la causa del «progreso». Porque, en todo caso, los reformadores no buscaban el progreso, sino la regresión: nunca se sintieron hipnotizados por la novedad como nosotros, ni se impacientaron con lo que era viejo, simplemente porque era viejo; en cambio, su intención era desenterrar el cristianismo antiguo y original, un cristianismo que había sido enterrado bajo siglos de tradición humana.

Eso, sin embargo, es precisamente lo que preserva la validez de la Reforma hoy día. Si la Reforma hubiera sido una mera reacción a una situación histórica hace quinientos años, si fuera solo un poco del «progreso» del siglo XVI, uno esperaría que hubiera terminado. Pero como programa para acercarse cada vez más al evangelio, no puede haber terminado.

El estado de las cosas hoy testifica, tan fuerte como siempre, de la necesidad de reforma. La doctrina de la justificación es rutinariamente rehuida por ser insignificante, equivocada o desconcertante. Algunas nuevas perspectivas sobre lo que el apóstol Pablo quiso decir con justificación, especialmente cuando han tendido a desviar el énfasis de cualquier necesidad de conversión personal, más que nada, han confundido a la gente, dejando el artículo que Lutero dijo que no se puede renunciar o ser comprometido justamente así - renunciado o comprometido. Y no se trata solo de nuevas lecturas de la Biblia. Una cultura de pensamiento positivo y autoestima ha borrado toda la necesidad percibida de que el pecador sea justificado. Con todo, entonces, el problema de Lutero de ser torturado por la culpa ante el Juez divino es descartado como un problema del siglo XVI y, por lo tanto, su solución de la justificación es innecesaria para nosotros hoy.

Pero es precisamente en este contexto donde la solución de Lutero resuena como una noticia tan feliz y relevante. Porque, habiendo echado por la borda la idea de que alguna vez podríamos ser culpables ante Dios y por lo tanto necesitar su justificación, nuestra cultura ha sucumbido al viejo problema de la culpa de maneras más sutiles que no tiene medios para responder. Hoy todos somos bombardeados con el mensaje de que seremos más amados cuando nos hagamos más atractivos. Puede que no esté relacionado con Dios y, sin embargo, es una religión de obras y una que está profundamente arraigada. Por eso, la Reforma tiene las buenas noticias más brillantes. Como dijo Lutero: «los pecadores son atractivos porque son amados; no son amados porque sean atractivos». Solo este mensaje del amor contradictorio de Cristo ofrece una solución seria.

Un mensaje profundamente relevante, hermoso y dulce, un mensaje de gozo, un mensaje que desafía a la muerte: no es de extrañar que Richard Sibbes llamara a la Reforma «ese fuego que el mundo nunca podrá apagar».

Notas

1 M. A. Noll y Carolyn Nystrom, ¿Is the Reformation Over? An Evangelical Assessment of Contemporary Roman Catholicism (Baker y Paternoster, 2005), págs. 12-13, 23.

2 Noll y Nystrom, pág. 232.

3 Ibíd.

Cronología de la reforma

206 | LA LLAMA INDESTRUCTIBLE

1517	Lutero publica sus noventa y cinco tesis en la puerta de la Iglesia del castillo de Wittenberg.
1519?	Lutero tiene su «experiencia de la torre». Zwinglio comienza a predicar en Zurich.
1520	Lutero publica sus tres tratados de la Reforma y quema la bula papal.
1521	Dieta de Worms. Lutero puesto bajo custodia protectora en Castillo de Wartburg, donde traduce el Nuevo Testamento al alemán. Enrique III publica su *Defensa de los Siete Sacramentos* contra Lutero y se le otorga el título 'Defensor de la fe'.
1522	Lutero completa su traducción al alemán del Nuevo Testamento.
1523	Zurich apoya oficialmente la teología de Zwinglio.
1524-1525	Guerra de los campesinos en Alemania.
1525	Primeros bautismos de adultos en Zurich.
1526	Se completa el Nuevo Testamento en inglés de William Tyndale.
1528	Patrick Hamilton quemado por herejía en St. Andrews.
1529	Lutero y Zwinglio no llegan a un acuerdo sobre la Cena del Señor en el Coloquio de Marburgo.
1531	Zwinglio muerto en la batalla de Kappel. Thomas Bilney quemado por herejía en Norwich.
1534	Enrique III declarado «jefe supremo de la iglesia en Inglaterra'. Primera edición completa de la traducción de Lutero de La biblia.
1534-1535	Reino de Münster.
1536	Calvino llega a Ginebra. Primera edición de sus *Institutos* publicada. Erasmo muere. William Tyndale ejecutado. Comienza la disolución de los monasterios ingleses.
1538	Calvino, expulsado de Ginebra, se instala en Estrasburgo con Bucer. La lectura de la Biblia en inglés legalizada en Inglaterra.

1541	Teólogos evangélicos y católicos se reúnen para resolver diferencia en el Coloquio de Ratisbona. Calvino regresa a Ginebra.
1542	Se establece la Inquisición romana para combatir la herejía.
1545–63	Concilio de Trento.
1546	Muere Lutero.
1547	Muere Enrique III. Sucedido por su hijo evangélico, Edward I.
1553-1538	María la sanguinaria restaura el catolicismo romano Inglaterra.
1558	Isabel I sucede a María, estableciendo una Protestantismo moderado para la Iglesia de Inglaterra.
1559	Calvino produce su edición final y definitiva de los *Institutos*. John Knox regresa a Escocia.
1560	El Parlamento de la «Reforma» escocés convierte a Escocia en oficialmente calvinista.
1564	Muere Calvino.
1572	Miles de protestantes franceses asesinados en las masacres del día de San Bartolomé.
1576	Isabel I ordena al arzobispo Grindal que suprima las «profecías» puritanas.
1588	La Armada Española no logra invadir Inglaterra. Aparecen tratados difamatorios «Marprelados».
1593	Ley Contra los Puritanos.
1603	Jacobo I de Escocia sucede a Isabel I y se convierte en Jacobo I de Inglaterra.
1604	Conferencia de Hampton Court
1605	Parcela de pólvora.
1618	Jacobo I publica su *Libro de Deportes*.
1618-19	Sínodo de Dordt
1620	El *Mayflower* zarpa de Plymouth a Massachusetts.
1625	Carlos I sucede a su padre como rey de Inglaterra.

1633	William Laud se convierte en arzobispo de Canterbury. El «*Libro de Deportes*» de Jacobo es reeditado.
1637	Prynne, Burton y Bastwicke condenados por Camara Estrellada. Motín del *Libro de Oración* en Edimburgo.
1639	Carlos I envía su primer ejército contra Escocia.
1642	Comienza la guerra civil entre Carlos I y el Parlamento.
1643–49	La Asamblea de Westminster produce la Confesión de Fe de Westminster, dos catecismos y un *Directorio de Adoración Pública*.
1649	Carlos I ejecutado. Inglaterra se proclama república.
1658	Muere Oliver Cromwell, Lord Protector de Inglaterra.
1660	Carlos II es proclamado rey de Inglaterra.
1662	Una quinta parte del clero en Inglaterra es expulsado por negarse a adherirse al Libro de Oraciones. Comienza la persecución de los inconformistas.

Material de Lectura Complementario

He marcado «lecturas obligatorias» con dos estrellas.

El trasfondo de la Reforma

Para tener una buena idea de cómo era vivir en la Europa católica romana medieval, pruebe S. Doran y C. Durston, *Princes, Pastors and People: The Church and Religion in England*, 1500-1700 (Routledge, 1991). O, para un poco más de profundidad, R. N. Swanson, *Religion and Devotion in Europe c.1215 – c.1515* (Cambridge University Press, 1995).

Pero para adentrarse en la mente medieval, disfrute de la fascinante *The Discarded Image: An Introduction to Medieval and Renaissance Literature* de C. S. Lewis (Cambridge University Press, 1994).

Martin Lutero

** Todo cristiano debería leer la biografía clásica de Lutero de Roland Bainton, *Here I Stand: A Life of Martin Lutero* (Abingdon, 1950).

** ¿Y por qué no intentar leer algo del propio Lutero? Puedes encontrar su gran obra *The Freedom of a Christian* en línea en http://www.theologynetwork.org/historical-theology/starting -out/la-libertad-cristiana.htm>. O, si quiere un poco más, Timothy Lull ha reunido una excelente pequeña colección de las obras más importantes de Lutero en sus *Escritos Teológicos Básicos de Martin Lutero* (Fortress, 1989).

Ulrich Zwinglio y los reformadores radicales

Si desea probar lo mejor de Zwinglio, pruebe «Sobre la claridad y certeza de la Palabra de Dios», en G. W. Bromiley (ed.), *Zwinglio y Bullinger*, Library of Christian Classics (SCM, 1953).

Probablemente la mejor biografía de Zwinglio es *Zwinglio* de G. R. Potter (Cambridge University Press, 1976).

Para más información sobre la historia de la Reforma Radical, G. H. Williams tiene todo lo que pueda necesitar en *The Radical Reformation* (Weidenfeld & Nicolson, 1962). O, si desea leer el tipo de cosas que escribieron los radicales, obtenga G. H. Williams y A. M. Mergal, *Escritores Espirituales y Anabautistas*, Biblioteca de clásicos cristianos (SCM, 1957).

Juan Calvino

** *Los Institutos de la Religión Cristiana* de Calvino son imprescindibles. El título hace que suene aterrador; por dentro, es fácil de leer y tiene un estilo cálido. Si puedes, consigue la traducción en dos volúmenes de F. L. Battles de la edición de 1559 (Westminster Press, 1960).

De lo contrario, ten cuidado con lo que lees sobre Calvino: las librerías están llenas de libros obstinados y tendenciosos sobre él. Intenta cualquier cosa de T. H. L. Parker, que ha escrito bien tanto sobre el hombre como sobre su pensamiento.

La Reforma en Gran Bretaña

El libro que ha ayudado a muchos a ver lo que impulsó a los reformadores ingleses es el clásico *Five English Reformers* del obispo J. C. Ryle (Banner of Truth, 1960). ¡Extraordinario! Para ver el latido del corazón de un reformador inglés, echa un vistazo a las oraciones diarias de John Bradford, en línea en <http://www.theologynetwork.org/historical-theology/starting -out/daily-medi-taciones-y-oraciones.htm>. Una pequeña introducción muy útil es S. Doran y C. Durston, *Princes, Pastors and People: The Church and Religion in England, 1500-1700* (Routledge, 1991). La narrativa clásica de la Reforma en Inglaterra es *The English Reformation* de A. G. Dickens (2ª ed., Pennsylvania State University Press, 1989). Su abordaje está bastante anticuado ahora, pero aún funciona para tener una buena idea de la historia general.

Para obtener una imagen más amplia de la Reforma a medida que se extendió por Europa, considera *Reformation: Europe's House Divided 1490-1700* de Diarmaid MacCulloch (Penguin, 2003). Leerlo es como ver una epopeya y una comedia a la vez. O, para una lectura menos obstinada, consulta *The European Reformation de Euan Cameron* (Clarendon, 1991).

Los puritanos

** El primer puerto de escala tiene que ser *The Bruised Reed* de Richard Sibbes. ¡Saca tu pañuelo! Banner of Truth lo ha hecho fácilmente disponible en su serie *Puritan Paperbacks*. También está en línea en <http://www.theologynetwork.org/christian -beliefs/the-holy-spirit-and-christian-living/starting-out/the -bruised-reed.htm>.

** Para un delicioso menú de puritanismo, consigue K. M. Kapic y R. C. Gleason, *The Devoted Life: An Invitation to the Puritan Classics* (I P, 2004).

** La otra forma excelente de conocer los beneficios de la sabiduría puritana es *Among God's Giants: The Puritan Vision of the Christian Life*, de J. I. Packer (Kingsway, 1991).

¿Ha terminado la Reforma?

Para una mirada excepcional y profunda a la comprensión de la justificación de la Reforma, lee *La Doctrina de la Justificación por la Fe* del gran puritano John Owen (en el vol. 5 de sus obras completas, publicado por Banner of Truth).

Si bien este autor no está de acuerdo con sus conclusiones, *Is the Reformation Over? An Evangelical Assessment of Contemporary Roman Catholicism* (Baker y Paternoster, 2005), de Mark Noll y Carolyn Nystrom, es útil para exponer el estado actual de las relaciones católico-protestantes.

Para un valioso conjunto de ensayos que analizan las diferencias que permanecen entre el protestantismo y el catolicismo romano, véase John Armstrong (ed.), *Roman Catholicism: Evangelical Protestants Analyze What Divides and Unites Us* (Moody, 1994). Mark Husbands y Daniel J. Treier también han reunido una colección útil de artículos que examinan cuestiones actuales relativas a la doctrina de la justificación, en *Justificación: lo que está en juego en los debates actuales* (I P y Apollos, 2004).

Para recursos de audio, enlaces y lectura adicional, visite: www.theunquenchableflame.org

Índice